Torsten Scholz

Inklusion von Menschen mit geistiger Behinderung am Arbeitsplatz vor dem Hintergrund der UN-Konvention für Behindertenrecht

Die aktuelle Beschäftigungssituation in den Werkstätten für behinderte Menschen (WfbM) und ein Ausblick in die Zukunft

Bachelor + Master
Publishing

Scholz, Torsten: Inklusion von Menschen mit geistiger Behinderung am Arbeitsplatz vor dem Hintergrund der UN-Konvention für Behindertenrecht. Die aktuelle Beschäftigungssituation in den Werkstätten für behinderte Menschen (WfbM) und ein Ausblick in die Zukunft, Hamburg, Diplomica Verlag GmbH 2012
Originaltitel der Abschlussarbeit: Werkstätten für behinderte Menschen (WfbM) und die UN-Konvention für Behindertenrecht: Widersprüche und Zukunft

ISBN: 978-3-86341-379-8
Druck: Bachelor + Master Publishing, ein Imprint der Diplomica® Verlag GmbH, Hamburg, 2012
Zugl. Universität Kassel, Kassel, Deutschland, Bachelorarbeit, Juni 2012

Bibliografische Information der Deutschen Nationalbibliothek:
Die Deutsche Nationalbibliothek verzeichnet diese Publikation in der Deutschen Nationalbibliografie; detaillierte bibliografische Daten sind im Internet über http://dnb.d-nb.de abrufbar.

Die digitale Ausgabe (eBook-Ausgabe) dieses Titels trägt die ISBN 978-3-86341-879-3 und kann über den Handel oder den Verlag bezogen werden.

Inhaltsverzeichnis

1. Einleitung

Werkstätten für behinderte Menschen (WfbM) gehören in Deutschland nach wie vor zu den bestetablierten und bekanntesten Institutionen im Bereich der Hilfeleistungen für Menschen mit Behinderung und dabei insbesondere für den Personenkreis der Menschen mit geistiger Beeinträchtigung. Die Institution der Werkstatt gilt dabei als sehr typisch für die deutsche Behindertenhilfe, denn es handelt sich um ein stark etabliertes, institutionalisiertes System, das in anderen Ländern in der Form weniger verbreitet und damit exemplarisch für die deutsche Hilfelandschaft ist, die immer noch sehr stark von Sondereinrichtungen mit aussondendem, „beschützendem" Charakter dominiert wird.

Doch eben diese Stellung als Sondereinrichtung könnte für die künftige Entwicklung der Werkstätten-Landschaft zum Problem werden, denn es kommt eine neue Herausforderung auf die Behindertenhilfe zu, die Sondereinrichtungen in naher Zukunft möglicherweise infrage stellen und auf jeden Fall deren zukünftige Entwicklung prägen wird: Das von den Vereinten Nationen (United Nations, Abk. UN) verabschiedete Übereinkommen über die Rechte von Menschen mit Behinderungen („Convention on the Rights of Persons with Disabilities"), vereinfacht UN-Behindertenrechtskonvention genannt, wurde verabschiedet, um die Rechtslage für Menschen mit Behinderung zu verbessern und Menschenrechtsverletzungen vorzubeugen, von denen Menschen mit Behinderung besonders bedroht sind (vgl. Rothfritz 2010). Zu diesem Zweck werden erstmals wichtige Grundrechte für Menschen mit Behinderung in noch nie dagewesener Form und Deutlichkeit als Menschenrechte verankert, dabei auf behinderungsspezifische Probleme abgestimmt ausformuliert und für alle Mitgliedsstaaten der Vereinten Nationen verpflichtend eingeführt. Auch das Recht auf Arbeit wird dabei formuliert und bekräftigt. Inwiefern dies nun Auswirkungen auf die einzelnen Einrichtungstypen der Behindertenhilfe haben wird, ist noch umstritten – sicher ist aber, dass die Konvention die Zukunft des gesamten Behindertenhilfe-Systems prägen wird, und das insbesondere in Deutschland, wo, wie erwähnt, immer noch stationäre, institutionelle Einrichtungen das Bild prägen und die Hilfeleistungen häufig als starr, unflexibel und stark aussondernd kritisiert werden und in den vergangenen Jahrzehnten auch nur wenig spektakuläre Reformen durchgeführt werden konnten. Der Weg, den Menschen insbesondere mit geistiger Beeinträchtigung hierzulande gehen, ist nach wie vor in den meisten Fällen von Anfang an institutionell vorgezeichnet: Wenn man schon als Kind in eine Förder- oder Lernhilfeschule gerät, hat man in der Regel wenig Möglichkeiten, das Aussonderungssystem früher oder später zu verlassen – stattdessen folgt auf die Lernhilfeschule der Berufsbildungsbereich, der sich bereits in der Werkstatt für behinderte Menschen befindet, und dann die Arbeit in der Werkstatt selbst; ein Wechsel auf dem ersten Arbeitsmarkt ist kaum möglich. Auch bei der Wohnsituation sieht es wenig besser aus – geistig beeinträchtigte Menschen leben immer noch überwiegend bei ihren Eltern, und wenn nicht dort, in ganz klassischen stationären Wohnheimen, aber nur selten selbstständig oder in ambulant betreuten Wohneinrichtungen. In einigen anderen Ländern Europas lassen sich bereits wesentlich erfolgreicher umgesetzte Konzepte zur Auflösung der Sondereinrichtungen und Integration behinderter Menschen in gemeinschaftlich von Menschen mit und ohne Behinderung genutzte Einrichtungen beobachten; so etwa die Auflösung des Sonderschulsystems und die Integration lernbehinderter Kinder in die Regelschulen in Ländern wie Italien und Schweden oder die Integration behinderter Menschen in gemeinsam von behinderten und nicht behinderten Menschen genutzten Wohnquartieren in England durch das „Community Care"-Konzept. In Deutschland sind solche Reformen bislang kaum geschehen.

Die Aufgabe von Hilfeeinrichtungen für Menschen mit Behinderung ist es, Teilhabe zu ermöglichen, wobei den Werkstätten die spezielle Aufgabe zukommt, Teilhabe am Arbeitsleben zu ermöglichen. Mit diesen Überlegungen verbindet sich deshalb das Interesse, im Rahmen dieser Arbeit zu klären: **Was bedeutet Teilhabe am Arbeitsleben und inwiefern werden Werkstätten für behinderte Menschen im Anbetracht der UN-Behinderten-**

rechtskonvention ihrer Aufgabe gerecht, Menschen mit Behinderung Teilhabe am Arbeitsleben zu ermöglichen?

Meine Hypothese ist dabei, dass Sondereinrichtungen der Behindertenhilfe ihrer Aufgabe, Teilhabe am Arbeitsleben zu ermöglichen, nur ungenügend nachkommen und mit Blick auf die UN-Konvention für Behindertenrecht eigentlich als nicht mehr zeitgemäß anzusehen sind und rein rechtlich keinen Bestand mehr haben werden, da die UN-Konvention die Grundrechte von Menschen mit Behinderung dahingehend erweitern wird, dass Sondereinrichtungen zunehmend in Frage zu stellen sind und stattdessen Möglichkeiten der Beschäftigung auf dem ersten Arbeitsmarkt zu fördern sind.

Ich werde mich dabei auf die Klärung der Begriffe „Teilhabe" und „Arbeit" konzentrieren und herausstellen, was Teilhabe bedeutet, bzw. was Leistungen zur Teilhabe sind. Des Weiteren werde ich erklären, was Arbeit der soziologischen Definition nach eigentlich ist und inwiefern die Werkstätten aktuell wirklich Teilhabe am Arbeitsleben ermöglichen. Ich werde möglichst vermeiden, eine rechtliche Definition von Teilhabe anhand der gängigen Paragraphen zu finden, da dies zu sehr einer juristischen Arbeit gleichkäme, was den Rahmen dieser Arbeit sprengen würde.

Im dritten Kapitel werde ich dann die Werkstätten für behinderte Menschen, wie sie in Deutschland verbreitet sind, kurz beschreiben, indem ich die geschichtliche Entwicklung der Beschäftigung behinderter Menschen und im darauf folgenden Kapitel den heutigen Entwicklungsstand der Beschäftigung in Werkstätten aufzeige. Anschließend werde ich im vierten Kapitel versuchen, die UN-Behindertenrechtskonvention darzustellen, und dabei aufzeigen, wie Arbeit dort gesehen wird und welche Rechte Menschen mit Behinderung in Bezug auf Arbeit der Konvention nach zustehen und wie gut dies der aktuellen Arbeitssituation entspricht. Ich werde mich dabei so weit wie möglich auf die Hilfeeinrichtungen für Menschen mit geistiger Beeinträchtigung beschränken, da diese immer noch den größten Anteil unter den in den Werkstätten beschäftigten Menschen ausmachen. So waren im Jahr 2011 unter den

3

291.711 Beschäftigten in den Werkstätten rund 77.41% Menschen mit geistiger Beeinträchtigung (vgl. Bundesarbeitsgemeinschaft Werkstätten für behinderte Menschen e.V. 2011). Zudem wird dieser Personenkreis noch einmal vor gänzlich andere Herausforderungen gestellt als Menschen mit körperlicher Behinderung. Des Weiteren werde ich mich bei der Beantwortung der Forschungsfrage so weit wie möglich auf den Aspekt der Teilhabe beschränken. Es folgt ein abschließendes, kritisches Fazit.

2. Teilhabe und Arbeit bei Behinderung

In diesem Kapitel werde ich werde ich den Begriff der Teilhabe im Kontext von Hilfeleistungen für Menschen mit Behinderung und anschließend den Begriff der Arbeit aus soziologischer Sicht definieren und dabei vor allem herausstellen, was Arbeit für Menschen mit Behinderung bedeutet und wie Teilhabe am Arbeitsleben definiert und realisiert wird.

Ich werde mich auf die soziologische Definition von Arbeit beschränken, da Arbeit aus zahlreichen verschiedenen Blickwinkeln betrachtet und dementsprechend verschieden definiert werden kann – sei es rechtlich, pädagogisch oder soziologisch. Ich werde mich dabei auf die soziologische Definition beschränken, da diese zum Ausdruck bringt, was Arbeit für die Gesellschaft wie für den Einzelnen bedeutet. Daraus werde ich dann ableiten, inwiefern die Teilhabe am Arbeitsleben, die in den Werkstätten geleistet wird, aus soziologischer Sicht zufriedenstellend ist.

2.1 Teilhabe, Integration und Inklusion

Der Begriff der Teilhabe wird im Bereich der Sozialen Arbeit in verschiedensten Zusammenhängen verwendet, sei es als übergeordnetes Ziel oder als konkrete Hilfeleistung. Doch so einfach und einleuchtend der Begriff auf den ersten Blick scheinen mag, so schwierig ist es dann doch, genauer zu definieren, was damit eigentlich gemeint ist. Denn tatsächlich handelt es sich dann doch um einen reichlich abstrakt und allgemein gefassten Begriff. Ursprünglich war der Begriff auch tatsächlich eher philosophisch als praktisch geprägt (vgl. Pöld-Krämer 2007), erst im Laufe der Zeit wurde er dann konkreter ausformuliert.

Versucht man zunächst einmal zu definieren, was Teilhabe eigentlich meint, so ist dies schon eine höchst anspruchsvolle Aufgabe. Teilhabe kommt von Teilnehmen und Teilhaben an etwas. Rein rechtlich gesehen meinte Teilhabe schon immer die Teilnahme an der Gesellschaft; vor dem Gesetz sind alle Mitglieder einer Gesellschaft Teilhaber (vgl. Welti 2005). Es kommt zudem selten bis nie vor, dass mit den Begriff der Teilhabe nicht auch die Begriffe

„Integration" oder „Inklusion" in Verbindung gebracht werden. Inklusion ist dabei der modernere der beiden Begriffe, der heutzutage häufiger angewandt wird, während der Begriff der Integration als veraltet gilt. In Folgenden werde ich deshalb versuchen, diese beiden Begriffe kurz zu definieren. Auch hier kann man verschiedene Wege der Definition anwenden, sei es aus pädagogischer oder soziologischer Sicht, wobei ich mich auf die soziologische Definition beschränken werde, da die pädagogische Definitionsweise mehr auf die konkrete pädagogische Arbeit bezogen ist, die soziologische Sichtweise hingegen auf die theoretischen Konzepte zur Umsetzung.

Integration bedeutet der soziologischen Definition nach, dass eine Minderheit oder Randgruppe den Normen und Lebensweisen der Mehrheitsgesellschaft angepasst werden soll (vgl. Fachlexikon der sozialen Arbeit 2007). Diese Sichtweise zeigt bereits, warum der Begriff heute zutage als veraltet angesehen werden kann, da es sich mehr um eine Form der Anpassung und Unterwerfung handelt, zudem wird auch impliziert, dass die Gruppe der Minderheit innerhalb der Mehrheitsgesellschaft als eigene Gruppe erhalten bleibt, aber keine wirklicher Austausch und keine Vermischung stattfindet. Da es heutzutage jedoch darum gehen soll, Vielseitigkeit und Unterschiedlichkeit zu fördern, stellen pädagogische und soziologische Konzepte zum Umgang mit Minderheiten heute wesentliche eher Dialog und Diversität in den Mittelpunkt. In Bezug auf die Arbeit mit behinderten Menschen bedeutet dies zum einen, dass die Zusammenarbeit und das Miteinander von Menschen mit und ohne Behinderung gefördert werden soll, und zum anderen, dass Menschen mit Behinderung nicht bloß Mitglieder der nicht behinderten Mehrheitsgesellschaft sein sollen, sondern auch auf ihre Bedürfnisse abgestimmt inkludiert und gefördert werden sollen. Da dies jedoch mehr bedeutet als Integration, wird der Begriff und das Leitbild der Integration heute immer öfter von dem der Inklusion abgelöst.

Inklusion hingegen bedeutet wesentlich eher als Integration Einbeziehung und Zugehörigkeit, was auch schon im Wort zum Ausdruck kommt, das vom lateinischen „inclusio" („Einschluss") abgeleitet wurde. In einer inklusiven Gesellschaft sind alle Menschen unabhängig von äußerlichen Merkmalen wie Geschlecht, Ethnizität, körperlicher Verfassung und Intelligenz als gleichberechtigte Mitglieder akzeptiert und werden in ihrer Verschiedenheit gefördert (vgl. Niehoff 2007). Schon der Systemtheoretiker Luhmann ersetzte in seinen Theorien von Gesellschaft Integration durch Inklusion und beschrieb Inklusion als das spezifische Verhältnis zwischen Mensch und Gesellschaft (vgl. Wansing 2005). Es wird in inklusiven (im Gegensatz zu integrativen) Gruppen nicht mehr zwischen verschiedenen Einzelgruppen unterschieden, sondern nur noch eine homogene Gruppe gesehen, die ihre Mitglieder in ihrer Verschiedenheit wahrnimmt und dabei als gleichberechtigte Mitglieder der Gesellschaft akzeptiert und fördert. Zudem wird neben der institutionellen zunehmend auch die emotionale und soziale Ebene des Zusammenlebens wahrgenommen (vgl. Hinz, ohne Jahreszahl). Auch die UN-Behindertenrechtskonvention greift, wie später weiter ausgeführt werden wird, den Begriff der Inklusion auf und fördert die Rechte von Menschen mit Behinderung unter dem Leitbild der Inklusion statt Integration.

Das Inklusionskonzept mag einem freilich als eine sehr stark beschönigende Idealvorstellung vorkommen, weshalb man es sich eher als Vision und Leitbild vorstellen kann. In Bezug auf die Arbeit mit behinderten Menschen hat dies zur Folge, dass Sondereinrichtungen nach dem Leitbild der Inklusion zumindest in Frage zu stellen sind und deshalb die Zukunft der Behindertenhilfe stattdessen in inklusiven Einrichtungen erfolgen sollte, um zu ermöglichen, dass die gesamte Biographie behinderter Menschen in gemeinsamen Einrichtungen mit Menschen ohne Behinderung stattfinden kann, angefangen bei inklusiven Kindergärten und Schulen über geneinsame Arbeitsplätze bis hin zu gemeinsamen Wohneinrichtungen. Dem steht in der Realität jedoch das nach wie vor dominierende, etablierte System der stationären Sondereinrichtungen gegenüber; zudem ist die Beschäftigtenzahl in den Werkstätten seit Jahren steigend, weshalb anzunehmen ist, dass sich das Werkstattwesen in den kommenden Jahren eher noch weiter ausdifferenzieren wird. So ist alleine in den vergangenen drei Jahren die Zahl der Beschäftigten von 277.201 im Jahr 2009 auf 284.884 im Jahr 2010 und 291.711 im Jahr 2011 gestiegen (vgl. Bundesarbeitsgemeinschaft Werkstätten für behinderte Menschen e.V. 2011).

Benachteiligten und ausgeschlossenen Menschen Teilhabe zu ermöglichen, war und ist eines der Hauptanliegen der Sozialen Arbeit. Beruhend auf Studien und Theorien sozialer Ungleichheit, nach denen es in einer Gesellschaft immer soziale Unterschiede und Ungleichheiten gibt, wovon Randgruppen besonders betroffen sind, ist es die Aufgabe, Teilhabe von Menschen, die von der Gesellschaft aus welchen Gründen auch immer exkludiert wurden, wiederher- und sicherzustellen (vgl. Wansing 2005). Dennoch gibt es in der Sozialen Arbeit keine einheitliche Definition von Teilhabe. Was mit dem Begriff gemeint ist und wie er umgesetzt wird, ist zunächst einmal davon abhängig, in welchem Bereich der Sozialen Arbeit man sich befindet. So wird der Begriff der Teilhabe nicht nur im Bereich der Behindertenhilfe angewandt, sondern beispielsweise auch im Bereich der Armen-Fürsorge (vgl. Pöld-Krämer 2007). Grundsätzlich sind Teilhabe-Leistungen dort nötig, wo Personengruppen aufgrund spezifischer Risikofaktoren gesellschaftliche Ausgrenzung und damit Exklusion droht. Da Behinderung zu den Hauptrisikofaktoren gesellschaftlicher Exklusion zählt (vgl. Wansing 2005), bedarf es hier besonders sensibler und ausgefeilter Konzepte, um Teilhabe zu ermöglichen und sicherzustellen. Die Hilfeleistungen der Behindertenhilfe sind deshalb darauf ausgerichtet, die behinderungsspezifischen, verminderten Teilhabemöglichkeiten zu kompensieren und dadurch Teilhabe zu ermöglichen. Auch im Sozialgesetz ist Behinderung deshalb definiert als Einschränkung von Teilhabemöglichkeiten (§ 2 SGB IX), die durch Rehabilitations- und Teilhabeleistungen des sozialen Systems auszugleichen sind.

Die Leistungen zur Teilhabe lassen sich dabei in verschiedene Kategorien unterteilen:

- Das eine sind ganz praktische Probleme, die deshalb als **praktische Teilhabe** zusammengefasst werden, wie etwa die Unerreichbarkeit von Orten, die nur über eine Treppe zu erreichen sind für Menschen, die auf den Rollstuhl angewiesen sind, oder auch die Frage, ob immer genug Behindertenparkplätze oder barrierefreie Fluchtwege vorhanden sind. In diesen Fällen kann man die Teilhabemöglichkeiten durch Barrierefreiheit verbessern, die dazu beiträgt, dass für Menschen mit Behinderung z.b. nicht nur ein Treppenhaus, sondern auch ein Fahrstuhl zur Verfügung steht. Doch Barrierefreiheit ist nicht nur auf räumlich-physikalische Probleme bezogen, sondern auch auf kognitive. So gibt es etwa das Problem, dass viele Menschen mit geistiger Beeinträchtigung nicht oder kaum lesen können und deshalb auf einen Vorleser angewiesen sind oder geistig nicht in der Lage sind, schwierige Texte zu verstehen und deshalb einfache Erklärungen benötigen. Hierfür gibt es Barrierefreiheit in Schriftform, die bedeutet, dass für geistig behinderte Menschen oder Analphabeten Texte durch Bilder verständlich gemacht werden oder es zusätzlich einen vereinfachten Text gibt.

- Daneben gibt es aber noch weitere Formen der Teilhabe, die schon wesentlich komplexer sind, nämlich die Ermöglichung der **gesellschaftlichen Teilhabe**.

Darunter fallen alle Hilfeleistungen, die über die rein physikalische Barrierefreiheit hinausgehen und die soziale Inklusion des behinderten Menschen in die Gesellschaft fördern sollen. Was darunter zu verstehen ist und wie genau dies zu geschehen hat, ist schwer zu definieren. Man möchte behinderten Menschen Teilhabe an der Gesellschaft ermöglichen, doch was ist eigentlich gesellschaftliche Teilhabe? Gemäß der heutigen Inklusionstheorien soll möglichst das Miteinander aller Gesellschaftsmitglieder gefördert werden. Können Sondereinrichtungen wie Wohnheime und Werkstätten, die Menschen mit Behinderung ja immer noch von der Gesellschaft weitgehend abgrenzen, überhaupt gesellschaftliche Teilhabe ermöglichen? Diese Fragen werden in der Behindertenhilfe heute kontrovers diskutiert.

Diese gesellschaftliche Teilhabe kann man dann noch einmal unterteilen in weitere Unteraspekte, die man in zwei Hauptkategorien unterteilen kann:

- **Teilhabe am Leben in der Gemeinschaft**

  und

- **Teilhabe am Arbeitsleben**.

Unter Teilhabe am Leben in der Gemeinschaft sind alle Hilfeleistungen zu verstehen, die die Inklusion behinderter Menschen außerhalb des Arbeitsbereichs fördern, also etwa Angebote der Bildung, Freizeit, usw.. Dabei gehen die beiden Begriffe bis zu einem gewissen Grad ineinander über, denn Arbeit gilt als „wesentliche[r] Aspekt für gesellschaftliche Teilhabe" (Kühn/Rüter 2008: 13). Über Arbeit wird auch die Freizeit und der Zugang zur Erwachsenenbildung und die soziale Interaktion gestaltet und gefördert (vgl. Fischer/Heger/Laubenstein 2011). Teilhabe am Arbeitsleben ist somit auch ein wichtiger Beitrag zur gesellschaftlichen Teilhabe; wer nicht am Arbeitsleben teilhaben kann, dem droht die gesellschaftliche Exklusion (vgl. ebd.).

2.2 Historische Ansichten zur Teilhabe behinderter Menschen

Da Behinderung rechtlich und soziologisch als Einschränkung von gesellschaftlichen Teilhabemöglichkeiten gesehen wird, ist es die Aufgabe der Behindertenhilfe, Teilhabe an der Gesellschaft zu ermöglichen. Dies gibt der Sozialen Arbeit mit behinderten Menschen zudem ein klares Ziel vor: Während in anderen Bereichen der Sozialen Arbeit oft Unklarheit über das genaue Ziel der Arbeit herrscht, so ist hier die Ermöglichung von gesellschaftlicher Teilhabe zum Ausgleich der behinderungsbedingten Einschränkungen von Teilhabemöglichkeiten als Zielvorgabe klar definiert. Die Ansichten darüber, wie dies geschehen soll und was dabei unter Hilfeleistungen und Partizipation respektive Teilhabe genau zu verstehen ist, haben sich im Laufe der Zeit mehrfach geändert. Im Folgenden werde ich kurz die unterschiedlichen Bedeutungen von Teilhabe in Rahmen der Behindertenhilfe darstellen. Dabei soll es weniger darum gehen, die historische Entwicklung aufzuzeigen, sondern lediglich aufzuzeigen, wie sich die verschiedenen Ansichten zur Teilhabe im Laufe der Zeit verändert haben.

Vom Anbeginn der Geschichte bis etwa zum Zweiten Weltkrieg gab es keinerlei ernsthafte Konzepte für die Teilhabe von Menschen mit geistiger Beeinträchtigung. Über die Jahrhunderte hinweg lebten sie in ihrem Familien und ab dem Mittelalter immer häufiger auch in Zucht- oder Arbeitshäusern und später in Pflegeheimen. An die gesellschaftliche Inklusion dieser Menschen war damals noch lange nicht zu denken, sie hatten lediglich ihren Familienverband als soziales Umfeld. Wenn überhaupt gab es erst ab der Renaissance und dem damit verbundenen humanistischen Denken erste Überlegungen, dass auch behinderte Menschen in ihrer Würde geachtet werden müssen und man diesem Personenkreis Hilfeleistungen anbieten müsse, was im 17. Jahrhundert zu den ersten stationären Hilfs- und Pflegeeinrichtungen führte (vgl. Scheibner 2000). Konzepte zur gesellschaftlichen Teilhabe oder gar zur Erwerbsarbeit gab es aber nicht, stattdessen wurden Menschen mit geistiger Beeinträchtigung weiterhin ausgesondert, und die Hilfeleistungen beschränkten sich auf Pflegeleistungen. Im Dritten Reich wurde schließlich dafür gesorgt, Menschen mit Behinderung aus der Gesellschaft zu entfernen durch die massenhafte Zwangssterilisierung und schließlich die systematische Ermordung im Rahmen des Euthanasie-Programms. Deshalb beginnt die Entwicklung ernsthafter Konzepte zur Partizipation und Teilhabe behinderter Menschen erst nach dem Zweiten Weltkrieg. Ein erstes konkretes Konzept zur Gleichbehandlung und Integration von Menschen mit Behinderung war das Normalisierungsprinzip, das bereits 1959 von dem dänischen Juristen Niels Erik Bank-Mikkelsen entwickelt wurde und in Dänemark und Schweden, später auch in den USA Verbreitung fand. In Deutschland sorgte dieses Konzept erst ab den 1980er Jahren für ein allmähliches Umdenken (vgl. Schlummer/Schütte 2006). Es war speziell auf Menschen mit geistiger Behinderung zugeschnitten und forderte, wie bereits der Name deutlich macht, eine „Normalisierung" der Lebenssituation geistig behinderter Menschen, indem ihnen ein möglichst „normales" Leben ermöglicht werden sollte, was einen normalen Tagesablauf, Jahreszeitenwechsel, Jahres-Rhythmus usw. umfasste. Anders als häufig kritisch angemerkt wird, war der Gedanke des Normalisierungsprinzips dabei nicht eine Anpassung an einen bestimmten, als „normal" empfundenen gesellschaftlichen „Mainstream", sondern lediglich eine Angleichung der Lebensbedingungen und -voraussetzungen. Teilhabe sollte dem Normalisierungsprinzip zufolge also durch die „Normalisierung" bzw. Angleichung von Lebensverhältnissen realisiert werden, wobei sich die Normalisierung ausdrücklich auf Lebensverhältnisse und nicht auf Personen bezog (vgl. u.a. Wansing 2005, Schlummer/ Schütte 2006). Auch wenn das Normalisierungsprinzip einen zweifelsohne sehr richtigen und wichtigen Ansatz darstellte und seine Gedanken bis heute diskutiert werden, gilt es heute dennoch als eher überholt, da zum einem die Konzeption der „einheitlichen" Lebensführung im Zuge zunehmender Individualisierung von Lebensverhältnissen als immer weniger zeitgemäß gilt und es zunehmend schwer fällt, zu definieren, was für einem Menschen eigentlich ein „normaler" Tagesablauf oder „normale" Lebensverhältnisse sind. Zum anderen beinhaltet der Begriff auch eine stigmatisierende und diskriminierende Wirkung, da er impliziert, dass die üblichen Lebensverhältnisse behinderter Menschen nicht als „normal" angesehen werden, was mit dem heutigen Gedanken der Inklusion, in der alle Gesellschaftsmitglieder gleich behandelt werden, zunehmend schwer vereinbar ist. Deshalb wird heutzutage anstelle von Normalisierung immer öfter der Begriff der „Gleichstellung" verwendet. Gleichstellung wird zunehmend zu einem bestimmenden Begriff der Behindertenpolitik und zeigt den Paradigmenwechsel weg von der defizitorientierten, auf Unterschiede zwischen Personengruppen zielenden Perspektive hin zur Anerkennung von allen Mitgliedern einer Gesellschaft als gleichberechtigte Teilhaber. Neben der Chancen-gleichheit zielt Gleichstellung auch auf die Beseitigung von Unterschieden und damit auch auf die Beseitigung von Diskriminierung und Ungleichbehandlung ab (vgl. Baer 2007). Damit einher geht auch der Paradigmenwechsel von der Integration zur Inklusion, der die Gleichstellung anerkennt und auf die Beseitigung von Unterschieden und Benachteiligungen ausgerichtet ist.

Im Jahr 2001 erschien eine neue, seitdem gültige Definition von Behinderung und Teilhabe durch die Weltgesundheitsorganisation (WHO), die den Begriff von Behinderung neu definiert und zu einem „Verständniswandel" (Wansing 2005: 79) beigetragen hat. Die WHO veröffentlichte 2001 die „International Classification of Function, Disability and Health" (ICF), die den Nachfolger der 1980 erschienen „International Classification of Impairments, Disabilities and Handicaps" (ICIDH) darstellt und den Begriff der Behinderung im Vergleich zum Vorgänger gänzlich neu definiert. Neu ist vor allem, dass es im Gegensatz zum Vorgänger-Konzept erstmals ein für alle Behinderungsarten übergreifendes Gesamtkonzept gibt, um Behinderungen zu klassifizieren und objektivierbar zu machen. In diesem Zusammenhang hat sich auch die Sicht auf Behinderung geändert – während in der ICIDH noch eine wesentlich defizitorientiertere Sicht auf Behinderung zu finden war, hat sich die Perspektive nun gewandelt, und die Ressourcen-Orientierung steht im Mittelpunkt, was auch schon im Namen zum Ausdruck kommt. Behinderung wird mit der ICF nicht mehr als Zuschreibung spezifischer Defizite definiert, sondern als Zusammenspiel individueller Möglichkeiten und Kontextfaktoren unter Berücksichtigung von Wechselwirkungen und Umwelteinflüssen. Die zentralen Elemente dabei sind Funktionsfähigkeit, Behinderung und Gesundheit. Konkret wird zwischen den Dimensionen Körperstrukturen (anatomische Teile des Körpers), Körperfunktionen, Aktivität und Teilhabe unterteilt und auch die sogenannten Umweltfaktoren, also das gesamte Umfeld des behinderten Menschen, berücksichtigt. Behinderung wird nun als Zusammenspiel negativer Kontextfaktoren beschrieben (vgl. u.a. Schlummer/Schütte 2006, Wansing 2005). Der Teilhabe kommt dabei hohe Bedeutung zu. Teilhabe wird in der ICF nun als „Einbezogen-sein in eine Lebenssituation" („involvement in a life situation") definiert; Behinderung wird infolgedessen als Defizit von Teilhabe konstruiert (vgl. Welti 2005). Behinderung ist demzufolge eine Beeinträchtigung der Möglichkeiten der Teilhabe an der

13

Gesellschaft. Die Sozialgesetzgebung hat deshalb das Ziel, Menschen mit Behinderung gleichberechtigte Teilhabe am Leben in der Gesellschaft zu ermöglichen, was auch bereits im §1 des SGB IX verankert ist (vgl. Welti 2005). Die Einrichtungen der Behindertenhilfe sind demnach Einrichtungen, deren Auftrag es ist, Menschen mit Behinderung Teilhabe zu ermöglichen. Insgesamt wird Behinderung damit nicht mehr als Grundlast eines Menschen angesehen, sondern als Zuschreibungsprozess. Es handelt sich nicht mehr um einen passiven Zustand, sondern um einen aktiven Prozess – man ist nicht, sondern *wird* vielmehr behindert. Dies dient auch der Stärkung der Rechte von Menschen mit Behinderung – durch die neue Definition soll die Sicht stärker auf die behinderungsbedingten Benachteiligungen der betroffenen Menschen gelegt werden und dadurch Menschenrechtsverletzungen vorgebeugt werden (vgl. Rothfritz 2010). Im Zuge dessen findet auch beim Prinzip der Hilfeleistungen für behinderte Menschen seitdem ein Paradigmenwechsel statt: Anstelle von bloßer „Förderung" in Form von defizitorientierten Hilfeleistungen steht zunehmend das Leitbild der Selbstbestimmung der Klienten im Vordergrund, was zur Folge hat, dass die Entscheidungs- und Mitbestimmungsrechte sowie die Auswahlmöglichkeiten der Klienten gestärkt werden. Auch die UN-Behindertenrechtskonvention fördert diesen Ansatz und stellt die individuelle Förderung und Achtung behinderter Menschen in den Mittelpunkt. Inwiefern dies jedoch in der Realität wirklich umsetzbar ist und umgesetzt wird, wird im weiteren Verlauf der Arbeit dargestellt.

Die UN-Behindertenrechtskonvention enthält allerdings keine konkrete Definition von Behinderung. Sie lehnt sich bei ihrer Sicht auf Behinderung aber eng an das soziale Modell von Behinderung nach der ICF an und sieht Behinderung als dynamischen Prozess und nicht mehr als defizitorientierten, medizinisch definierten Zustand (vgl. Demke 2011).

2.3 Die Funktion und Bedeutung von Arbeit

Im Folgenden werde ich kurz definieren, was Arbeit im Kontext von Behinderung und Teilhabechancen bedeutet. Ich werde mich auf die soziologische Sichtweise beschränken, da diese die Bedeutung von Arbeit für den Menschen als Individuum, aber auch für die Gesellschaft als Ganzes zu beschreiben. Darauf aufbauend werde ich dann erklären, inwieweit die Beschäftigung in Sondereinrichtungen der eigentlichen Bedeutung von Arbeit wirklich entspricht.

„Arbeit" ist ein Begriff, der einerseits jedermann geläufig ist und der, wenn man einmal überlegt, was darunter genau zu verstehen ist, dennoch schwer zu definierten ist. Man kann ihn, abhängig vom wissenschaftlichen Blickwinkel, auf nahezu jede erdenkliche Weise erklären, sei es aus rechtlicher, soziologischer, pädagogischer, betriebswirtschaftlicher, ethischer oder physikalischer Sicht. Hinzu kommt, dass es sich um einen hochgradig subjektiven, nie vollständig objektivierbaren Begriff handelt, dessen Definition und Auslegung auch immer „von der jeweiligen Realität eines Menschen" (Fischerauer 2005: 3) abhängig ist. Zudem unterliegt Arbeit auch immer einer natürlichen Evolution durch gesellschaftliche und wirtschaftliche Umwälzungen, die Auswirkungen auf das Leben der Menschen und damit auch auf die Bedeutung und das Verständnis von Arbeit hatten. Ich werde mich im Folgenden auf die aktuelle Sichtweise beschränken, die den gängigen Definitionen entspricht, aber vielleicht in einigen Jahren auch schon wieder als überholt gelten kann, insbesondere im hier dargestellten Kontext des Arbeitsfeldes der Werkstätten für behinderte Menschen, da durch die UN-Konvention und andere Reformversuche vielleicht auch schon bald hier Arbeit anders definiert werden kann.

2.3.1 Arbeit als (Erwerbs-)Tätigkeit

Arbeit ist auch im soziologischen Kontext keinesfalls eindeutig definiert. Es finden sich vielerorts gängige Kurzdefinitionen, die Arbeit beispielsweise als „zielgerichtete, soziale, planmäßige und bewusste, körperliche und geistige Tätigkeit" (Gabler Wirtschaftslexikon (Hrsg.) 2011) oder auch als „zweckgerichtete, verstandesgeleitete menschliche Tätigkeit, die [...] dem Erwerb des Lebensunterhalten dient" (Promberger 2008) beschreiben. So abstrakt diese Definitionen auch klingen mögen, so steckt dennoch bereits vieles darin, das hilfreich ist, sich von dem Begriff ein Bild zu machen. So wird in beiden Erklärungsansätzen impliziert, dass Arbeit einen speziellen Zweck und ein spezielles Ziel verfolgt. Zudem geht die zweite Definition noch weiter und erweitert den Begriff um den Aspekt des Lebensunterhalts. In der Tat wird in der Soziologie davon ausgegangen, dass ein sehr wichtiger Aspekt der Arbeit auch der Erwerb des Lebensunterhaltes ist, was eigentlich alle Tätigkeiten, die nicht bezahlt werden, wie etwa ehrenamtliche Arbeit, ausschließt. Natürlich kann man auch nicht bezahlte Tätigkeiten als „Arbeit" definieren, weshalb zur Abgrenzung zu nicht bezahlten Tätigkeiten auch von Lohnarbeit oder Erwerbsarbeit die Rede ist. Zudem muss man auch den Begriff „Lebensunterhalt" differenziert betrachten, denn dabei kann unterschieden werden zwischen dem Erwerb von überhaupt irgendeiner Form von Lohn, aber auch von so viel Lohn, dass man damit auch wirklich seine Lebenshaltungskosten decken kann. Mit Lebensunterhalt ist dabei letzteres gemeint. Lebensunterhalt bedeutet das Erwirtschaften von ausreichend Geld, um seine Lebenshaltungskosten decken zu können.

Des Weiteren erwirtschaftet man nicht nur für sich selbst den Lebensunterhalt, sondern trägt auch dazu bei, die Wirtschaftsleistung des Arbeit gebenden Unternehmens und der gesamten Volkswirtschaft zu steigern, denn „Arbeit ist in allen Kulturen die Grundlage der Ökonomie" (Giddens, zit. nach Fischerauer 2005). Daran ist bereits deutlich die Doppelfunktion der Arbeit und der Kreislauf der Wirtschaft sichtbar, denn Arbeit dient sowohl dem Individuum als auch der Gesellschaft.

Dennoch gilt Arbeit trotz ihrer großen Bedeutung für den Menschen nicht als grundsätzlich positiv belegt, sondern der Begriff ist auch immer mit negativen Folgen wie Mühe, Anstrengung, Stress, Erschöpfung, etc. verbunden (vgl. u.a. Aßländer 2005).

2.3.2. Die soziale Bedeutung von Arbeit

Es besteht Konsens darüber, dass Arbeit neben der Selbstverwirklichung und dem Erwerb von Lebensunterhalt auch eine soziale Funktion hat und maßgeblich dazu beiträgt, auch die Sozialisation des Arbeitenden zu fördern. Dabei geht die soziale Funktion der Erwerbsarbeit über die bloße soziale Integration in die Gruppen der Arbeitskollegen und die Kommunikation mit Vorgesetzten oder Kunden weit hinaus: Sowohl das Selbstwertgefühl als auch die soziale Anerkennung werden durch den Beruf und den daraus resultierenden sozialen und ökonomischen Status maßgeblich beeinflusst (vgl. Gabler Wirtschaftslexikon 2011), manche reden gar davon, dass „Arbeit [...] nicht nur die Voraussetzung für materiellen Wohlstand [bildet], sondern [sie] wird selbst zum Ausweis des tugendhaften Lebens und bildet die Grundlage der vollwertigen bürgerlichen Existenz" (Aßländer 2005: 31) und dass „Arbeit heute ein lebensnotwendiger Bestandteil unseres kulturell und gesellschaftlich gewachsenen Daseins"(Fischer/Heger/Laubenstein 2011: 7) ist. Auch hier wird deutlich, wie sehr das gesellschaftliche Ansehen und die gesamte Sozialisation des Individuums von der Arbeit geprägt werden.

Bezieht man die soziale Bedeutung von Arbeit im Hinblick auf Sicherung des Lebensunterhalts und Erwerb von Status nun auf Menschen mit geistiger Behinderung, so ist davon auszugehen, dass Arbeit für Menschen mit Behinderung in Vergleich zu Menschen ohne Behinderung grundsätzlich von gleich großer Bedeutung ist, da für jeden Menschen, ob mit oder ohne Behinderung, der Erwerb des Lebensunterhalts wichtig ist. Auch ist anzunehmen, dass die meisten Menschen mit Behinderung grundsätzlich gerne arbeiten (vgl. Hirsch/Kasper 2010). Für Menschen mit und ohne Behinderung ist ihr Arbeitsplatz ein wichtiger Ort der Sozialisation, an dem soziale Kontakte geknüpft und gepflegt werden. Es kann jedoch durchaus angenommen werden, dass Arbeit für Menschen mit geistiger Beeinträchtigung eine mindestens ebenso große, tendenziell vielleicht sogar noch größere Bedeutung hat (vgl. Kühn/Rüter 2008), sei es, weil die Möglichkeit der Selbstverwirklichung für behinderte

Menschen bei der Arbeit besonders groß ist, da sie es aufgrund ihrer geistigen Defizite schwerer haben, sich selbst zu verwirklichen, sei es, weil durch die nicht immer gegebene Barrierefreiheit ihre gesellschaftlichen Teilhabemöglichkeiten in ihrer Freizeit eingeschränkt sind, was die Bedeutung des Arbeitsplatzes als Ort der sozialen Interaktion erhöht.

3. Werkstätten für behinderte Menschen (WfbM) im Überblick

Um mich dem Ziel einer kritischen Auseinandersetzung mit den Werkstätten unter dem Aspekt Teilhabe zu nähern, werde ich zunächst einen Überblick über den Einrichtungstyp der Werkstatt für behinderte Menschen (WfbM) bieten, um aufzuzeigen, wie und woraus sich das heutige Werkstatt-Wesen entwickelt hat und wie der heutige Entwicklungsstand der Werkstätten ist.

Der Einrichtungstyp der Werkstatt für behinderte Menschen ist heute die dominierende Form der beruflichen Eingliederungshilfe für Menschen mit Behinderung in Deutschland. Die überwiegende Zielgruppe sind dabei nach wie vor Menschen mit geistiger Beeinträchtigung – sie machen 77,41% der deutschlandweit 291.711 Beschäftigten in den Werkstätten aus (vgl. Bundesarbeitsgemeinschaft Werkstätten für behinderte Menschen e.V. 2011). Die Zahl der Werkstatt-Plätze steigt dabei seit Jahren kontinuierlich. Die Gründe hierfür sind recht verschieden: Zum einem hat die Zeit des Dritten Reiches zu einem Bruch der Entwicklung der Behindertenhilfe geführt, sodass infolge der massenhaften Ermordung und Zwangssterilisation behinderter Menschen zur Zeit des Dritten Reichs eine ganze Generation behinderter Menschen praktisch ausgelöscht wurde. Dadurch gibt es in den heutigen Hilfeeinrichtungen fast ausschließlich nach dem Krieg geborenen Menschen mit Behinderung, die zudem allmählich ins Rentenalter kommen, sodass man sich erst jetzt mit dem Phänomen älterer behinderter Menschen auseinandersetzen muss. Zum anderen gibt es nach wie vor kaum Alternativen zur Beschäftigung in den Werkstätten, da es an Möglichkeiten der Beschäftigung auf dem ersten Arbeitsmarkt fehlt, wie ich im Folgenden näher ausführen werde. Zudem sorgen auch neue Arten von Behinderung für eine Erweiterung des Klienten-Kreises, darunter insbesondere die steigende Zahl von Menschen mit psychischer bzw. seelische Behinderung (vgl. Kühn/Rüter 2008).

Die Werkstatt ist auch außerhalb des sozialen Systems als Einrichtungstyp der Behindertenhilfe bekannt, und eigentlich hat jeder eine recht konkrete Vorstellung davon: „Die Werkstatt" ist der Ort, wo Menschen mit Behinderung, die aufgrund ihrer Behinderung nicht auf dem ersten Arbeitsmarkt vermittelt werden können, beschäftigt werden. Doch auch, wenn bekannt ist, dass Werkstätten dem Personenkreis der behinderten Menschen Arbeit bieten, so ist vieles doch der breiten Masse recht unbekannt und verborgen – so etwa die Tatsache, dass die Werkstätten eigentlich nur eine zeitlich begrenzte Möglichkeit der Beschäftigung bieten und ihren Klienten eigentlich den Übergang auf den allgemeinen Arbeitsmarkt ermöglichen sollen. Dass der breiten Masse bislang auch kaum bekannt ist, dass Menschen mit Behinderung auch außerhalb der Werkstätten arbeiten und im Klischee davon ausgegangen wird, dass sie stattdessen ausschließlich in den Werkstätten arbeiten, zeigt bereits ein viel kritisiertes Problem der Werkstätten auf, nämlich, dass sie in der Kritik stehen, zu selten den Übergang auf den allgemeinen Arbeitsmarkt zu ermöglichen und stattdessen das Schicksal eines geistig behinderten Menschen immer noch weitgehend biographisch vorbestimmt scheint und ausschließlich in Sondereinrichtungen stattfindet – ist man einmal in der Förder- oder Sonderschule gelandet, folgt auf diese der Berufsbildungsbereich (BBB) der Werkstatt für behinderte Menschen und auf diese dann eine meistens lebenslang andauernde Arbeit in der Werkstatt. Fast vergessen bzw. unbekannt ist dabei die Tatsache, dass die Beschäftigung in den Werkstätten eigentlich kein dauerhafter Zustand sein soll.

3.1 Geschichtliche Entwicklung der Beschäftigung von Menschen mit geistiger Beeinträchtigung

Im Folgenden werde ich zunächst einen kurzen Überblick über die geschichtliche Entwicklung der Beschäftigung behinderter Menschen von den Anfängen bis zur Etablierung der Werkstätten bieten und mich dabei insbesondere auf die Beschäftigung von Menschen mit geistiger Beeinträchtigung konzentrieren, da diese, wie zuvor schon erwähnt, noch immer den mit Abstand größten Anteil der Beschäftigten in den Werkstätten ausmachen und es erklärt werden sollte, warum dieser Bereich sich so weit ausdifferenzieren konnte.

3.1.1 Der Umgang mit behinderten Menschen im Laufe der Geschichte

Menschen mit Behinderung hat es von Anfang der Menschheitsgeschichte an gegeben. Schon immer wurde dabei auch schon zwischen solchen mit körperlichen und geistigen Beeinträchtigungen unterschieden. Zudem haben sich diese beiden Personengruppen auch schon immer recht unterschiedlich entwickelt, was ihr Ansehen in der Gesellschaft und den gesellschaftlichen Umgang mit ihnen betraf. So wurden Menschen mit körperlicher Beeinträchtigung, die früher meistens „Krüppel" oder, insbesondere, wenn es sich um Kriegsversehrte handelte, „Invaliden" genannt wurden, oft deutlich besser behandelt, als geistig beeinträchtigte Menschen. So ist etwa aus den ersten Hochkulturen (Ägypten, Griechenland, Rom) überliefert, dass körperlich behinderte Menschen durchaus gesellschaftliche Teilhabe-Möglichkeiten hatten und zum Beispiel im alten Rom körperlichen Einschränkungen mit „relativer Toleranz" (Kreissl 2004: 13) begegnet wurde, auch soll es im alten Rom bereits um 300 vor Christus eine stationäre Pflegeeinrichtung für Menschen mit körperlicher Beeinträchtigung gegeben haben (vgl. Kreissl 2004). Allerdings betrafen solche Beispiele wie gesagt, in der Regel nur Menschen mit körperlicher Beeinträchtigung, während Menschen mit geistiger Behinderung noch einmal vor ganz andere Schwierigkeiten gestellt wurden.

Das hauptsächliche Problem im Umgang mit geistig beeinträchtigten Menschen war jahrhundertelang, dass aufgrund mangelnder medizinsicher und psychologischer Kenntnisse der Forschung ihre geistigen Defizite nicht richtig eingeordnet und diagnostiziert werden konnten und Menschen mit geistiger Beeinträchtigung mit psychisch kranken und geistig verwirrten Menschen auf eine Stufe gestellt und als eine Gruppe zusammengefasst wurden, die zudem jahrhundertelang abwertende, verachtende Bezeichnungen wie „Schwachsinnige", „Irre", „Verrückte", „Blödsinnige", etc. (vgl. u.a. Meisinger 2000) erhielten.

Der Mangel an wissenschaftlichen Erkenntnissen über geistige Behinderung sorgte jahrhundertelang auch dafür, dass Menschen mit geistiger Behinderung religiösen Erklärungsversuchen und exorzistischen Ritualen ausgesetzt waren – Behinderung wurde der damaligen, religiös geprägten Mentalität entsprechend dämonisiert und als göttliche Strafe angesehen, insbesondere geistig behinderte Menschen wurden zudem häufig für von bösen Geistern oder Dämonen besetzt gehalten. Die Lage für geistig behinderte Menschen verbesserte sich erst mit der Aufklärung im 16. Jahrhundert, als sich nicht nur das allgemeine Menschenbild positiv wandelte, sondern auch das Psychiatriewesen sich allmählich ausbildete und Menschen mit geistiger Beeinträchtigung nun zunehmend dem Bereich der Psychiatrie zugeordnet wurden und erste stationäre, geschlossene Einrichtungen für die Versorgung dieses Personenkreises entstanden.

3.1.2 Erste Arbeitseinrichtungen für Menschen mit geistiger Beeinträchtigung

Sucht man nun nach den ersten Möglichkeiten der Beschäftigung für geistig behinderte Menschen, so wird man lange Zeit nicht fündig werden. Es ist anzunehmen, dass geistig beeinträchtigte Menschen jahrhundertelang nicht gearbeitet haben, sondern entweder bei ihren Familien oder später in den stationären Hospizen und Verwahrungsanstalten untergebracht waren und dort nie Arbeit im Sinne von Erwerbsarbeit geleistet haben, schon gar nicht in beschäftigungsähnlichen Verhältnissen, sondern hauptsächlich versorgt wurden. Es bestand „[j]ahrhundertelang [...] nur eine Möglichkeit der Unterbringung." (Hotter 2008: 163). Somit wurde ihnen die Möglichkeit der Teilhabe am Arbeitsleben jahrhundertelang verwehrt.

Erst im 19. Jahrhundert gab es erste ernsthafte Versuche, sozial schwachen Randgruppen, darunter auch Menschen mit geistiger Beeinträchtigung, Arbeit anzubieten - in Form der sogenannten Zucht- oder Arbeitshäuser (vgl. u.a. Bramberger 2008). Dabei handelte es sich um Sondereinrichtungen, in denen Menschen mit Behinderung und andere damals geächtete Randgruppen wie etwa Bettler, Diebe, Prostituierte und Homosexuelle (vgl. Häßler/Häßler 2005), die in der normalen Arbeitswelt unerwünscht , aber in begrenztem Maße arbeitsfähig waren, einfache, zumeist handwerkliche Tätigkeiten verrichteten und dafür auch bescheiden entlohnt wurden. Die Motivation dahinter war in dem meisten Fällen keinesfalls eine pädagogische, sondern eher das Bedürfnis der aufstrebenden Industriegesellschaft des 19. Jahrhunderts, angesichts des wachsenden Bedarfs an Arbeitskräften möglichst jeden Bürger, der auch nur begrenzt arbeitsfähig war, in die Arbeitswelt zu integrieren. Die Zustände in diesen Anstalten waren auch noch weit entfernt von pädagogischen Einrichtungen, sondern müssen recht grausam gewesen sein, denn anstelle von pädagogisch ausgebildetem Personal gab es lediglich „Wärter", die die Arbeit beaufsichtigten und bei Regelverstößen körperliche Strafen androhten und durchsetzten (vgl. Kreissl 2004). Dennoch war es das erste Mal, dass (arbeitsfähige) Menschen mit Behinderung in einer Sondereinrichtung einfache Tätigkeiten verrichten konnten und dadurch eine Möglichkeit der Teilhabe am Arbeitsleben bekamen, was dem späteren Konzept und Prinzip der Werkstätten bereits recht gut entspricht. Es war auch das erste Mal, dass Menschen mit Behinderung mit Arbeit ein bescheidenes Einkommen verdienen konnten, zudem wurden auch die Industriebetriebe eingebunden, die Arbeitsaufträge in die Arbeitshäuser auslagerten, was ebenfalls schon recht exakt dem noch heute in den Werkstätten gebräuchlichen Prinzip der Werkstatt entspricht.

Einen heftigen Bruch erlitt die Entwicklung der Behindertenhilfe in Deutschland durch die Zeit des Dritten Reichs. Mit der Machtergreifung durch die Nationalsozialisten 1933 und die Gräueltaten gegenüber allen, die nicht ihrem Idealbild des „Ariers" entsprachen, wurden die Hilfeleistungen für behinderte Menschen praktisch zunichte gemacht. Körperlich und geistig behinderte Menschen waren wie auch andere Randgruppen der Diskriminierung, Verfolgung, massenhaften Zwangssterilisierung und schließlich der systematischen Ermordung im Rahmen des sogenannten Euthanasie-Programms schutzlos ausgeliefert. Insgesamt wurden durch die Gräueltaten der Nationalsozialisten geschätzte 350.000 bis 400.000 Menschen mit Behinderung zwangssterilisiert und ca. 70.000 ermordet (vgl. Bosse 2005). Dies war nicht nur ein fürchterliches Verbrechen gegen die Menschlichkeit, sondern warf auch die Entwicklung der Behindertenhilfe in Deutschland quasi auf den Nullpunkt zurück, sodass nach dem Krieg praktisch von vorne begonnen werden musste.

Dennoch gab es nach dem Krieg recht schnell wichtige Impulse für die Integration von Menschen mit Behinderung in die Gesellschaft, auch für die Teilhabe am Arbeitsleben. Diese neuen Ansätze gingen von zwei Gruppen aus: zum einem von den Eltern geistig behinderter Kinder, zum anderen von der Gruppe der im Krieg verletzen Soldaten, den Invaliden.

3.1.3 Die Etablierung der ersten Werkstätten

Auch wenn es, wie im vorigen Kapitel erwähnt, auch schon vor der Etablierung der ersten Werkstätten Versuche gab, Menschen mit Behinderung Arbeit zu geben, wird in der Fachwelt heute die Meinung vertreten, dass es für die Werkstätten keinen direkten historischen Vorgänger gibt, auch, wenn man die Zucht- und Arbeitshäuser des 18. und 19. Jahrhunderts durchaus als solche sehen kann (vgl. Cramer 2009). In der Tat gab es vor der Einführung der ersten Werkstätten sicher zumindest keinen derart zielgerichteten und mit pädagogischem Hintergrund angesetzten Versuch, Menschen mit Behinderung Teilhabe am Arbeitsleben in institutionalisierter Form zu ermöglichen.

Die ersten Werkstätten in Deutschland wurden zu Beginn der 1950er Jahre eingerichtet. Das Konzept der Werkstätten war damals bereits nicht mehr neu und wurde auch nicht in Deutschland erfunden – die ersten Werkstätten wurden bereits in den 1920er Jahren in den Niederlanden als Arbeitseinrichtungen für Sonderschul-Abgänger eingerichtet, in Deutschland entstand die erste Einrichtung 1927 in Düsseldorf (vgl. Meisinger 2001). Sie hatten noch zahlreiche verschiedene Bezeichnungen, meistens „schützende" oder „beschützte" Werkstätten, manchmal sogar „Bastelwerkstätten" oder „Bastelstuben". Diese Bezeichnungen mögen heute veraltet klingen, sagen aber eigentlich schon sehr viel über den (damaligen) Charakter der Werkstatt aus, denn sie bringen gleich zwei Dinge zum Ausdruck: Zum einem kommt in den Begriffen „(be)schützend" oder „geschützt" das bis heute gültige, wenngleich im Zuge der heutigen Anrechte auf Teilhabe und Inklusion zunehmend als überholt geltende Prinzip der Werkstätten als Sondereinrichtungen zum Ausdruck, in denen die Beschäftigten in einem

„beschützenden" Ort, der auf ihre Defizite und Bedürfnisse abgestimmt ist, Arbeit verrichten können. Zum anderen kommt in Begriffen wie „Bastelstuben" oder „Bastelwerkstätten" auch ein heute komplett überholtes Bild der Werkstätten zum Ausdruck, nach dem es sich um Einrichtungen handelte, in denen damals in der Tat noch eher „gebastelt" und einfache Tätigkeiten verrichtet wurden, die eher der reinen Beschäftigung der Klienten dienten und eher wenig kommerziellen Anspruch hatten, wohingegen in den heutigen Werkstätten professionelle Arbeit verrichtet und Fertigungs- und Dienstleistungs-Aufträge erfüllt werden, weshalb das gesamte Werkstatt-Wesen mittlerweile ein hartes Geschäft ist, das mit „Bastelstuben" nicht mehr viel zu tun hat.

Auch die Finanzierung war in der Anfangszeit noch wenig professionell. So waren die ersten Einrichtungen hauptsächlich von privaten Organisationen durch Spendengelder finanziert worden und erhielten kaum öffentliche Gelder (vgl. Meisinger 2001). Die Hauptzielgruppe der Werkstätten waren damals schon Menschen mit geistiger Beeinträchtigung. Wirklich in Fahrt kam die Werkstattbewegung dann in den 60er Jahren, insbesondere mit der Einführung des Bundessozialhilfegesetzes (BSHG) im Jahr 1961. Die Entwicklung der Werkstätten hängt somit untrennbar mit der allgemeinen sozialpolitischen Entwicklung der Bundesrepublik zusammen (vgl. Fachlexikon der sozialen Arbeit 2007). Um die rechtlichen Vorschriften weiter zu konkretisieren, wurde dann 1980 die Werkstättenverordnung (WVO) eingeführt, die unterhalb des BSHG die genauere Ausgestaltung der Werkstätten regelt und den Grundsatz der einheitlichen Werkstatt einführte, der bis heute regelt, welche Anforderungen eine Werkstatt zu erfüllen hat, um ihren Aufgaben gerecht zu werden. (§1 WVO). Die Entwicklung der Werkstätten schritt stetig fort und unterlag und unterliegt bis heute zahlreichen Wandlungen und Kurswechseln sowohl rechtlicher als auch finanzieller und wirtschaftlicher Natur, so wie eben auch der Arbeitsmarkt und die nationale und weltweite Wirtschaft ständigen Wandelungen ausgesetzt sind. Die Entwicklung schlägt sich auch in den laufend wechselnden Bezeichnungen nieder: Aus den „Beschützenden" oder „Geschützten Werkstätten" wurde mit Einführung des Schwerbehindertengesetzes (SchwbG) 1974 die „Werkstatt für Behinderte" (WfB), die 2001 durch Einführung des Neunten Buches des Sozialgesetzes schließlich zur „Werkstatt für behinderte Menschen" (WfbM) wurde. Die verschiedenen Bezeichnungen drücken dabei sowohl die fortschreitende Professionalisierung des Werkstatt-Konzepts aus, das sich heute als professionelles und auf die Bedürfnisse der Wirtschaft wie der Beschäftigten abgestimmtes System präsentiert und mit den anfänglichen „Bastelstuben" nicht mehr viel gemein hat, aber auch die veränderte Sicht auf Menschen mit Behinderung, die heute nicht mehr bloß „Behinderte" genannt werden, sondern politisch korrekt „Menschen mit Behinderung" oder zumindest „Behinderte Menschen", um den betroffenen Personenkreis nicht alleine auf ihre Defizite zu reduzieren und somit Stigmatisierung vorzubeugen.

Die Einführung des neunten Buches des Sozialgesetzes am 1. Juli 2001 wird als „Meilenstein einer fortdauernden Entwicklung" (Schlummer/Schütte 2006: 16) angesehen. Das SGB IX regelt seitdem die „Rehabilitation und Teilhabe behinderter Menschen" und löst das 1974 eingeführte Schwerbehindertengesetz ab. Damit sind die Rechte behinderter Menschen nicht nur auf eine neue Ebene gehoben worden, sondern auch übersichtlicher zusammengefasst (vgl. Minniger/Hinterholz/Westermann 2007). Das SGB IX brachte auch einige Neuerungen für die Werkstätten mit sich, so etwa den rechtsgültigen Anspruch auf einen Vertrag über die Arbeit in der Werkstatt (vgl. Mosen 2007) oder auch die Werkstätten-Mitbestimmungs-verordnung (WMVO), die als sehr wichtiges Instrument angesehen wird, um die Mitbestimmungsrechte der Beschäftigten zu fördern. Doch auch, wenn die Einführung des SGB IX einige wichtige Neuerungen für die Lage von Menschen mit Behinderung gebracht hat, auch in Bezug auf die Werkstätten, so geschieht dessen Umsetzung bislang noch sehr zögerlich (vgl. ebd.).

3.2 Der heutige Entwicklungsstand der Werkstätten

3.2.1 Zahlen und Fakten

Wenn man die noch sehr bescheidenen Anfänge in den 50er Jahren des zurückliegenden Jahrhunderts sieht, ist es doch recht beeindruckend, wie schnell sich in den seitdem vergangenen Jahrzehnten das Werkstattwesen in Deutschland zu einem bundesweit verbreiteten Einrichtungstyp entwickelt hat. Heute existieren genau 701 Werkstätten in Deutschland, in denen 291.711 Beschäftigte arbeiten (vgl. Bundesarbeitsgemeinschaft Werkstätten für behinderte Menschen e.V. 2011). Die Werkstätten sind heute eine wichtige Stütze der Behindertenhilfe in Deutschland und die wichtigste Form der Hilfeleistungen zur Teilhabe am Arbeitsleben für Menschen mit Behinderung. Dabei kommt ihnen eine Doppelfunktion zu, da in den Werkstätten nicht nur Teilhabe am Arbeitsleben ermöglicht wird, sondern sie die Beschäftigten auch auf die Teilhabe vorbereitet, es ist deshalb auch von einem „Doppelcharakter der Werkstatt" (Haines/Jacobs 2002) die Rede.

Trotz der einheitlichen gesetzlichen Grundlagen sind die Werkstätten in ihrer konkreten räumlichen und konzeptionellen Ausgestaltung auch heute noch recht unterschiedlich: Es gibt Werkstätten mit angegliedertem Wohnheim und sogenannte Wohnstätten, die wie ein eigener, kleiner Stadtteil mit Werkstatt, Wohnmöglichkeiten und Geschäften aufgebaut sind; auch sind einige Werkstätten auf bestimmte Arten von Behinderung zugeschnitten. So gibt es Werkstätten für geistig behinderte Menschen, die angesichts der Tatsache, dass 80% aller Beschäftigten in den deutschen Werkstätten eine geistige Behinderung haben, logischerweise am häufigsten vertreten sind. Daneben gibt es aber auch eine wachsende Anzahl an Werkstätten und Arbeitsbereichen für Menschen mit psychischer bzw. seelischer Behinderung, die aufgrund ihrer spezifischen psychischen Probleme auf dem ersten Arbeitsmarkt kaum vermittelbar sind und auch nur schwer noch in bestehende Werkstätten integriert werden können. Die Klientengruppe der rein körperlich behinderten Menschen stellt in den Werkstätten noch immer eine kleine Minderheit dar, sei es, weil sie nur körperlich und nicht geistig

27

eingeschränkt sind und deshalb mehr Durchsetzungsfähigkeit besitzen und leichter auf dem ersten Arbeitsmarkt vermittelbar sind, sei es, weil Unternehmen immer noch zögern, Menschen mit geistiger Behinderung bei sich einzustellen.

3.2.2 Aufnahmekriterien

Werkstätten für behinderte Menschen bieten ihren Klienten, die meistens Beschäftigte genannt werden, zwar Arbeit, die aufgrund der Tatsache, dass die meisten verrichteten Tätigkeiten mittlerweile hochprofessionelle Auftragsarbeiten für Industriekunden oder auch professionelle Dienstleistungen sind, auch immer mehr einen Beschäftigungsverhältnis auf den allgemeinen Arbeitsmarkt ähneln. Dennoch gibt es einige Unterschiede, die die Werkstatt noch immer zu einem besonderen Arbeitsort machen:

o Trotz ihres Charakters als Wirtschaftsbetrieb, in dem Waren produziert und Dienstleistungen angeboten werden, sind Werkstätten nach wie vor Einrichtungen der beruflichen Rehabilitation und somit noch immer Einrichtungen des sozialen Hilfesystems, aber keine „ausschließlich leistungsbetonte[n] Produktionsbetrieb[e]" (Cramer 2009: 86).

o Werkstätten für behinderte Menschen stehen allen Menschen mit Behinderungen offen, zunächst unabhängig von den Grad und der Schwere der Behinderung, solange sie nicht, noch nicht oder noch nicht wieder als auf dem ersten Arbeitsmarkt vermittelbar gelten. Ausgenommen sind lediglich Menschen mit Behinderung, die aufgrund ihrer Behinderung eine Selbst- oder Fremdgefährdung darstellen. Zudem muss ein Mindestmaß an wirtschaftlich verwertbarer Arbeit vorliegen. Wichtigste Gesetzesgrundlage hierfür ist § 137 SGB IX, in dem die Aufnahmekriterien für die Werkstätten geregelt sind. Wer nun als behindert bezeichnet werden kann und wer nicht, ist dabei zweifelsohne schwer zu definieren, und ein Abhandlung, was eigentlich Behinderung ist, würde den Rahmen dieser Arbeit sprengen. Deshalb beschränke ich mich hier auf die aktuelle rechtliche Definition, demnach gilt ein Mensch als behindert und damit in einer Werkstatt auf-

28

nahmeberechtigt, dessen körperliche Funktion, geistige Fähigkeit oder seelische Gesundheit länger als sechs Monate von dem für das Lebensalter typischen Zustand abweicht sodass seine Teilhabemöglichkeiten gefährdet sind (§ 2 SGB IX).

o Menschen mit Behinderung haben zudem ein Anrecht auf einen Werkstatt-Platz. Im Unterschied zu Arbeitnehmern auf dem allgemeinen Arbeitsmarkt brauchen sie sich deshalb nicht zu bewerben, sondern müssen lediglich ein Aufnahmeverfahren durchlaufen.

o Die Beschäftigten sind zudem auch unkündbar, denn das Anrecht auf den Platz in der Werkstatt ist grundsätzlich zeitlich unbefristet. Darin besteht ein weiterer Unterschied zum ersten Arbeitsmarkt, den man durchaus kritisch sehen kann, denn Menschenmit Behinderung wird auf diese Weise zwar ein sicherer Arbeitsplatz gegeben, andererseits kann man kritisch einwerfen, dass die Beschäftigten dadurch nie, so wie Angestellte auf dem ersten Arbeitsmarkt, in Gefahr geraten, ihren Arbeitsplatz zu verlieren und um ihren Arbeitsplatz kämpfen müssen, obwohl Teilhabe am Arbeitsleben eigentlich auch solche Risiken beinhalten sollte, da sie auf dem ersten Arbeitsmarkt seit Jahrzehnten üblich sind. Andererseits ist durch die liberalen Aufnahmekriterien gesichert, dass Menschen mit Behinderung einen Platz in der Werkstatt bekommen und auch nicht verlieren können – sofern sie ihn benötigen.

o Die Sonderstellung der Werkstätten wird auch dadurch verdeutlicht, dass in fachlichen Diskurs die Werkstätten als „dritter Arbeitsmarkt" bezeichnet werden. Als „erster Arbeitsmarkt" gilt im Unterschied dazu der Arbeitsmarkt der freien Wirtschaft, als „zweiter Arbeitsmarkt" der Bereich der vorbereitenden Maßnahmen auf einen Arbeitsplatz (vgl. Kühn/Rüter 2008).

4. Das Übereinkommen der Vereinten Nationen über die Rechte von Menschen mit Behinderungen in Bezug auf Teilhabe am Arbeitsleben

Das folgende Kapitel setzt sich mit der UN- Behindertenrechtskonvention und ihre Auswirkungen auf die Hilfelandschaft in Deutschland in Bezug auf die Teilhabe am Arbeitsleben auseinander.

Allgemein wird die UN-Konvention, die die Rechte von Menschen mit Behinderung weltweit neu definiert und auf eine neue Stufe stellten soll, als großer Fortschritt gewertet, es ist die Rede von einer „umfassenden[n] Bedeutung für die [inter-]nationale Gestaltung gesellschaftlicher Verhältnisse" (Demke 2011: 28). Gleichwohl wird auch von Befürwortern darauf hingewiesen, dass „[d]ie Realisierung der UN-BRK […] eine Herausforderung für sozialpolitische Verantwortungsträger dar[stellt]" (ebd.) und es zu „erheblichen legislativen und administrativen Herausforderungen" kommen wird (Bernstoff 2007, zit. nach Demke 2011). Hier zeigt sich bereits, dass sich die Umsetzung in den einzelnen Vertragsstaaten schwierig gestalten wird, was wiederum die Frage aufwirft, inwieweit die UN-Konvention wirklich Auswirkungen haben wird, sowohl auf die Lebensverhältnisse von Menschen mit Behinderung als auch auf die Hilfeleistungen in den Staaten, die sich verpflichtet haben, sie umsetzen. Auch stellt sich die Frage, inwieweit die neuen Rechte für Menschen mit Behinderung sich auf die allgemeinen gesellschaftlichen Verhältnisse in den Staaten auswirken werden.

4.1 Grundsätzliches zur UN-Konvention

Die Vereinten Nationen (UN) haben am 13. Dezember 2006 das Übereinkommen über die Rechte von Menschen mit Behinderung, verabschiedet; 2008 trat es offiziell in Kraft. Das Abkommen wird für einen Mitgliedstaat der UN verpflichtend, wenn dieser es anerkennt. Mittlerweile gilt die Konvention für gut drei Viertel aller Länder der Welt, darunter auch Deutschland. Die Konvention wird vereinfacht und abgekürzt UN-Behindertenrechtskonvention genannt, deshalb wird dieser Begriff der Einfachheit halber auch in dieser Arbeit verwendet. In Deutschland wird die Konvention seit März 2009 verpflichtend anerkannt (vgl. Fischer/Heger/Laubenstein 2011).

Ziel der UN-Konvention ist die Verbesserung der Menschenrechtslage für Menschen mit Behinderung durch konkrete Ausformulierung von Grundrechten, angepasst an die spezifischen Probleme von Menschen mit Behinderung. Zwar gab es auch bislang schon eine gesetzliche Gleichberechtigung für Menschen mit und ohne Behinderung, doch geht die neue Konvention darüber noch hinaus und erkennt die Rechte von Menschen mit Behinderung auf gleichberechtigte Teilhabe und auch auf Ausgleich der durch die Behinderung entstandenen Nachteile als Grundrechte an, was einen deutlichen Fortschritt gegenüber bisherigen Gesetzesgrundlagen darstellt. Zudem geht es bei der Verbesserung der Rechtslage für Menschen mit Behinderung nicht nur darum, Nachteile auszugleichen, sondern auch Menschenrechtsverletzungen vorzubeugen, da die Gruppe der Menschen mit Behinderungen immer noch zu den am meisten gefährdeten Gruppen gehört, was die Verletzung der Menschenrechte und die Missachtung der Menschenwürde anbelangt (vgl. Rothfritz 2010). Inwiefern dies in den Paragraphen der Konvention eindeutig formuliert ist und ob und wie es in den die Konvention anerkennenden Mitgliedstaaten auch wirklich umsetzbar ist bzw. umgesetzt wird, ist aber noch durchaus umstritten. Zudem ist es momentan noch zu früh, bereits konkretere Vorhersagen zu machen, welche und wie starke Auswirkungen die UN-Konvention wirklich haben wird, da deren Umsetzung gerade erst anläuft und „noch keine gesicherten Angaben über ihre letztendliche Bedeutung bzw. ihre Auswirkungen gemacht werden können" (Demke 2011: 11).

4.2 Teilhabe am Arbeitsleben nach §27 der UN-Konvention

Die UN-Konvention geht im Artikel 27 auf die Rechte von Menschen mit Behinderung im Kontext von Arbeit und Beschäftigung ein. Der erste Absatz des Artikels lautet:

> (1) Die Vertragsstaaten anerkennen das gleiche Recht von Menschen mit Behinderung auf Arbeit; dies beinhaltet das Recht auf die Möglichkeit, den Lebensunterhalt durch Arbeit zu verdienen, die in einem offenen, integrativen und für Menschen mit Behinderung zugänglichen Arbeitsmarkt und Arbeitsumfeld frei gewählt oder angenommen wird. Die Vertragsstaaten sichern und fördern die Verwirklichung des Rechts auf Arbeit [...].

Hierbei handelt es sich wohlgemerkt um die *offizielle* Übersetzung der UN-Konvention, die jedoch sehr direkt aus dem Englischen ins Deutsche übersetzt wurde und deshalb in manchen Teilen ungenau und missverständlich geriet, da sie rein sprachlich übersetzt wurde. Deshalb wurde in Deutschland eine weitere, inoffizielle Übersetzung, die sogenannte *Schattenübersetzung*, durch Behindertenverbände vorgenommen, die sich von der inhaltlichen Intention her deutlich enger an das englischsprachige Original anlehnt. So wurden in der Schattenübersetzung beispielsweise Worte wie „integrativ" und „Integration" durch „inklusiv" bzw. „Inklusion" ersetzt, da, wie erwähnt, Integration als überholt gilt und zunehmend durch das Leitbild der Inklusion abgelöst wird.

4.2.1 Recht auf Arbeit (in einem inklusiven Umfeld)

Gleich der erste Ansatz des Artikel 27 enthält im Kern zwei Gewährleistungen (vgl. Rothfritz 2010): Zum einen den Schutz vor Diskriminierung, der durch das Wort „gleichberechtigt" zum Ausdruck kommt, zum anderen wird hier ein Recht auf Arbeit konkretisiert, wodurch das Recht auf Arbeit, das zu den klassischen sozialen Menschenrechten zählt (vgl. ebd.), erstmals konkret als Rechtsanspruch für Menschen mit Behinderung ausformuliert wird.

In weiteren Unterpunkten geht die Konvention auf die Förderung von Arbeit außerhalb von Sondereinrichtungen ein, so etwa im Unterpunkt Buchstabe j, der die Vertragsstaaten dazu verpflichtet, die Arbeitserfahrung behinderter Menschen auf dem allgemeinen Arbeitsmarkt zu fördern, was klar als Reaktion auf beschützende, aussondernde Einrichtungsformen wie Werkstätten zu sehen ist. Hier wird zugleich auch dazu aufgefordert, den besseren Übergang auf den Arbeitsmarkt durch entsprechende Maßnahmen zu fördern (vgl. Trenk-Hinterberger 2012). Im folgenden Buchstaben k ist davon die Rede, dass die berufliche Rehabilitation zur (Wieder-)Herstellung der Arbeitsfähigkeit behinderter Menschen zu fördern ist (vgl. Trenk-Hinterberger 2012, Rothfritz 2010). Da dies einer der eigentlichen Aufträge der Werkstätten ist, kann dies durchaus als Legitimierung der Werkstätten angesehen werden, unter der Voraussetzung, dass sie wirklich, wie eigentlich vorgesehen, nur der Rehabilitation dienen und nicht zum dauerhaften Arbeitsort werden.

4.2.2 Recht auf Erwerb des Lebensunterhalts

Ein wichtiger Fortschritt für die Rechte behinderter Menschen in Bezug auf Arbeit könnte der zweite Halbsatz des ersten Absatzes des Artikel 27 werden, in dem das Recht auf Arbeit dahingehend konkretisiert wird, dass das Recht auf Arbeit auch das Recht auf den „Erwerb des Lebensunterhalts" beinhaltet. Zwar ist kritisch anzumerken, dass der Begriff „Lebensunterhalt" und was darunter zu verstehen ist, nicht näher definiert wird (vgl. Trenk-Hinterberger 2012), aber es ist anzunehmen, dass unter „Lebensunterhalt" ein angemessener Lohn zu verstehen ist, der die tatsächlichen Lebenshaltungskosten deckt und Menschen mit Behinderung ein würdiges Leben in angemessenen finanziellen Verhältnissen ermöglichen kann. Hier zeigt sich bereits ein Widerspruch zum aktuellen Zustand des Werkstatt-Systems, da die dortigen Löhne, wie in Kapitel erwähnt, immer noch viel zu niedrig sind und nicht die tatsächlichen Lebenskosten decken, sondern die Beschäftigten auf zusätzliche finanzielle Hilfsleistungen durch den Staat angewiesen sind. Durch die Ausformulierung der Erwerbsarbeit als Grundrecht wird künftig hoffentlich auch hier eine Diskussion stattfinden, die die aktuellen rechtlichen Regelungen zum Thema in Frage stellt.

4.2.3 Anforderungen an den Arbeitsmarkt

Die UN-Konvention belässt es nicht bei der Benennung von Grundrechten wie dem Recht auf Arbeit, sondern geht auch weiter ins Detail und gibt konkrete Anregungen, was auf dem ersten Arbeitsmarkt zu ändern ist, um diese möglichst konsequent umzusetzen und fordert dabei auch Änderungen auf dem ersten Arbeitsmarkt ein, um die Beschäftigung von Menschen mit Behinderung dort zu fördern. Insgesamt konkretisiert die Konvention den Rechtsanspruch auf eine Beschäftigung auf dem ersten Arbeitsmarkt, und fordert hier nicht nur die Einrichtungen der Behindertenhilfe, sondern auch die Unternehmen des ersten Arbeitsmarktes zum Handeln auf. Laut Trenk-Hinterberger stellt dies auch an den Arbeitsmarkt erhebliche Voraussetzungen, da die Firmen der freien Wirtschaft dazu beizutragen haben, ein inklusives Umfeld zu schaffen, in dem Menschen mit und ohne Behinderung gemeinsam beschäftigt werden können. Dem gegenüber steht jedoch die zunehmende Rationalisierung und Gewinnmaximierung der Unternehmen der freien Wirtschaft, die zusammen mit dem immer höheren Ansprüchen an die Qualifikationen und Fähigkeiten der Mitarbeiter eher keinen Platz für Menschen mit Behinderung lässt, weshalb die Unterhemen sicherlich nur schwer dazu zu bewegen sein werden, sich für Menschen mit Behinderung zu öffnen.

4.3 Umsetzung der UN-Konvention in Deutschland durch den Nationalen Aktionsplan (NAP)

In Deutschland wurde zur Umsetzung und Konkretisierung der Ziele der Konvention der Nationale Aktionsplan der Bundesregierung zur Umsetzung der UN-Behindertenrechtskonvention (NAP) herausgegeben, der die Aktionen zur Umsetzung in Deutschland darlegt, angepasst an die deutschen Verhältnisse. Nach der Vorstellung dieses Aktionsplans gaben zahlrechen Verbände und Interessengemeinschaften aus dem Bereich der Behindertenhilfe dazu offiziell Stellungnahmen ab, die großenteils sehr kritisch und negativ ausfielen. Der Diakonie-Bundesverband kritisiert in ihrer Stellungnahme die Aussagen zum Thema Werkstätten für behinderte Menschen als „allgemein und im Hinblick auf die Umsetzung der in Artikel 27 der BRK beschriebenen Ziele und Anforderungen zu wenig aussagekräftig" (Diakonie Bundesverband (Hrsg.) 2011: 4).

Auch der Behindertenverein Netzwerk Artikel 3 e.V. kritisiert den NAP als „in der vorliegenden Form […] äußerst unzureichend" und hat zur Beurteilung des NAP ein Rating-System angelegt, das die Maßnahmen nach ihrer Konkretheit beurteilt und kommt dabei zu einem recht deutlichen Ergebnis: Gerade einmal 5% der Maßnahmen im NAP betreffen Gesetzesänderungen,

In der Stellungnahme vom Bundesverband für körper- und mehrfachbehinderte Menschen (bvkm) wird zum einen gelobt, dass durch den NAP „erstmals eine umfassende Darstellung aller Maßnahmen der Bundesregierung vor[liegt], die behinderte Menschen und ihre Angehörigen betreffen" (Bundesverband für körper- und mehrfachbehinderte Menschen (Hrsg.) 2011: 2). Kritisiert wird vom bvkm jedoch, dass der Aktionsplan zu wenig an den Aussagen der Konvention und eher an den Maßnahmen der Koalition im Bundestag orientiert sei und fordert deshalb zur Umkehrung dieser Verhältnisse einen neuen Aktionsplan, der sich an der UN-Konvention orientiert. In Bezug auf Arbeit und Beschäftigung lobt der bvkm zum einen den Ansatz, u.a. durch Verbesserung und Neuausrichtung des Werkstättenrechts vermehrt die Beschäftigung außerhalb der Werkstätten fördern zu wollen. Zu den Kritikpunkten zählt, dass zum einem Menschen mit schweren und mehrfachen Behinderungen noch immer von den Werkstätten ausgeschlossen werden und fordert die Aufhebung dieser Zugangsvoraussetzungen (vgl. Stellungnahme des bvkm. 2011).

5. Kritische Reflexion der Werkstätten im Hinblick auf Teilhabe am Arbeitsleben in Bezug auf die UN-Konvention

5.1 Förderung des Übergangs auf den ersten Arbeitsmarkt

Aus § 136 Abs. 1 des SGB IX geht hervor, dass Werkstätten eine Einrichtung zur Teilhabe am Arbeitsleben sind. Demnach ist die Ermöglichung von Teilhabe am Arbeitsleben das primäre, übergreifende Ziel der Werkstätten. Wie genau diese Teilhabeleistung auszusehen hat, geht aus dem weiteren Verlauf des § 136 hervor. Demnach hat die Werkstatt Menschen mit Behinderung zum Ziel, Menschen mit Behinderung, „die wegen Art oder Schwere der Behinderung nicht, noch nicht oder noch nicht wieder auf dem allgemeinen Arbeitsmarktbeschäftigt werden können", Rehabilitationsleistungen anzubieten (§ 136 SGB IX, Abs.1). Zudem steht die Werkstatt „allen behinderten Menschen [...] unabhängig von Art oder Schwere der Behinderung offen" (§ 136 SGB IX, Abs. 2). Hier wird bereits recht eindeutig ausgesagt, wozu der Aufenthalt in der Werkstatt längerfristig führen soll: Sie soll denjenigen behinderten Menschen, die aktuell zur Arbeit auf dem ersten Arbeitsmarkt nicht fähig sind, zur beruflichen Rehabilitation und somit als Vorbereitung auf einen Beruf auf dem allgemeinen Arbeitsmarkt dienen. Es geht jedoch nicht daraus hervor, dass sie dauerhaft der Ort sein sollen, an dem behinderte Menschen beschäftigt werden – zumindest nicht für diejenigen Menschen mit Behinderung, die sehr wohl nach Abschluss der Rehabilitationsleistungen in der Werkstatt in der Lage wären, auf dem ersten Arbeitsmarkt zu arbeiten. Nur diejenigen Beschäftigten, die dauerhaft nicht in der Lage sind, ohne die spezielle Förderung durch die Werkstätten zu arbeiten, haben ein dauerhaftes Recht auf einen Werkstatt-Platz. Auch aus anderen gesetzlichen Vorschriften geht dies hervor. So sagt etwa § 5 Abs. 4 der Werkstättenverordnung (WVO) aus, dass „der Übergang von behinderten Menschen auf den allgemeinen Arbeitsmarkt durch entsprechende Maßnahmen zu fördern ist". Im weiteren Verlauf wird genauer ausformuliert, in welcher Form dies zu erfolgen hat - demnach sollen Werkstätten Praktika und Übergangsgruppen anbieten, begleitende Maßnahmen in der Übergangsphase anbieten, etc.. Daraus kann man schließen, dass die Werkstätten nicht durch die Beschäftigung der behinderten Menschen innerhalb der Werkstatt Teilhabe ermöglichen sollen, sondern die Leistungen zur Teilhabe der Vorbereitung auf die Integration in den allgemeinen Arbeitsmarkt dienen. Natürlich könnte man argumentieren, dass dies auch so ausgelegt werden kann, dass die Menschen mit Behinderung, die in den Werkstätten beschäftigt werden, grundsätzlich aufgrund ihrer Behinderung nicht in der Lage seien, eine Beschäftigung auf dem ersten Arbeitsmarkt auszuführen, doch das Problem dabei ist zum einen, dass solche Sichtwesen von landläufigen Vorurteilen geprägt sind, die Menschen mit geistiger Behinderung die Fähigkeit, einen normalen Beruf auszuüben, grundsätzlich absprechen, was jedoch nicht der Realität entspricht (vgl. Rothfritz 2010).

Zum anderen ist es schwer, festzustellen und nachzuweisen, ob ein geistig behinderter Mensch, der in einer Werkstatt beschäftigt ist, auch eine Arbeit auf dem ersten Arbeitsmarkt auszuüben, da Testverfahren hierfür fehlen und es keine klaren Kriterien dafür gibt. Fakt ist jedoch, dass Menschen mit Behinderung, wie erwähnt, ein Mindestmaß an wirtschaftlich verwertbarer Arbeitskraft nachweisen müssen, um in einer Werkstatt aufgenommen zu werden. Daraus kann man schließen, dass die Beschäftigten der Werkstätten ihre Tätigkeit, was immer sie auch ist, rein theoretisch auch an einem Arbeitsplatz der freien Wirtschaft ausüben könnten, da sie wirtschaftlich verwertbar ist. Tatsächlich wird genau diese Überleitung und Vermittlung auf den allgemeinen Arbeitsmarkt jedoch in der Realität weitestgehend vernachlässigt: Wer einmal in der Werkstatt landet, hat praktisch kaum eine Möglichkeit, dort wieder herauszukommen und eines Tages in Bereich der freien Wirtschaft zu arbeiten, sondern arbeitet in der Werkstatt in der Regel für sehr lange Zeit, sehr oft bis zum Rentenalter. Dass der Übergang aus der Werkstatt auf den ersten Arbeitsmarkt nur ungenügend gefördert wird, zeigen die erschreckend geringen Übergangsquoten: Demnach gelang beispielsweise im Jahr 2001 nur 0,32% der Werkstatt-Beschäftigten der Übergang von einer Werkstatt auf den allgemeinen Arbeitsmarkt (vgl. Con_sens-Studie 2003), 2002 waren es gar

37

nur 0,24% (vgl. Hanslmeier-Prockl 2009), nach andere Quellen 0,29% (vgl. Detmar u.a.

2002). Dass sich diese Quote auch in den darauffolgenden Jahren nicht verbessert hat, zeigen

aktuellere Zahlen, etwa aus dem Jahr 2008, in dem sogar nur 0,16% der Übergang ermöglicht

wurde (vgl. Detmar u.a. 2008).

Sieht man die Leistungen zur Teilhabe in den Werkstätten also darin, den Übergang auf den

allgemeinen Arbeitsmarkt zu fördern, so findet dies in der Realität leider kaum statt.

Die Schuld dafür ist dabei aber freilich nicht bei den Werkstätten oder dem deutschen System

der Behindertenhilfe alleine zu suchen. In die Verantwortung zu nehmen sind auch die

Betriebe der freien Wirtschaft, die, wie schon im vorigen Kapitel erwähnt, immer noch kaum

etwas tun, um Menschen mit geistiger Behinderung bei sich einzustellen. Tatsächlich stellen

nur sehr wenige Betriebe des allgemeinen Arbeitsmarktes Menschen mit Behinderung bei

sich ein oder bilden sie zumindest aus, was jedoch wiederum auch auf das Grundproblem des

aussondernden Hilfesystems in Deutschland zurückzuführen ist, denn durch die „schulische

und berufliche Besonderung" werden die „Betroffenen stigmatisiert" (Pfahl/Powell 2010) und

haben von vornherein kaum Chancen auf eine Beschäftigung auf dem ersten Arbeitsmarkt.

Hinzu kommt das häufige Vorurteil, dass Menschen mit Behinderung ohnehin nicht in der

Lage wären, eine Arbeit auf dem ersten Arbeitsmarkt auszuüben, was jedoch schlichtweg

nicht zutrifft (vgl. Rothfritz 2010), sondern meistens nur als Vorwand dient, sich nicht für die

berufliche Inklusion behinderter Menschen einzusetzen. Dem widerspricht auch, dass, wie

erwähnt, ohnehin ein Mindestmaß an wirtschaftlich verwertbarer Arbeitsleistung Grundvo-

raussetzung für die Aufnahme in einer Werkstatt ist. Wenn ein behinderter Mensch in der

Lage ist, wirtschaftlich verwertbare Arbeit in einer Werkstatt zu leisten, so ist davon auszuge-

hen, dass diese Arbeitsleistung genauso in einem integrativen Arbeitsumfeld auf dem ersten

Arbeitsmarkt erfolgen könnte, was aber stärker forciert werden müsste. Im Endeffekt sind es

beide Seiten, das System der Behindertenhilfe, aber auch die Unternehmen, die es Menschen

mit Behinderung schwer machen, einen Arbeitsplatz außerhalb der Werkstatt zu finden und sich dabei gegenseitig bedingen. Dies ist ein Beispiel dafür, wie festgefahren die Situation hierzulande ist und wohl noch auf lange Zeit Probleme bereiten wird. Weiterhin ist auch das Sonderschul-System zu kritisieren, das den Übergang von der Sonderschule auf allgemeine Schulen oder direkt auf einen Beruf auf dem ersten Arbeitsmarkt erheblich erschwert und den direkten Übergang in die Werkstätten fördert (vgl. u.a. Fischer/Heger/Laubenstein 2011).

5.2 Stellenwert und Förderung von Arbeit in den Werkstätten

Nachdem ich nun die Teilhabeleistungen in den Werkstätten kritisch begutachtet habe, werde ich nun speziell auf das Thema Arbeit eingehen. Auch hier fallen einige Widersprüche auf, die Zweifel daran aufkommen lassen, dass die Werkstätten wirklich optimal für Teilhabe am Arbeitsleben sorgen, doch es gibt auch Argumente für die Werkstatt.

Der erste augenscheinliche Widerspruch ist die Tatsache, dass bei Arbeit immer wieder auch und vor allem von Erwerbsarbeit die Rede ist und Erwerbsarbeit dem Zweck dient, seinen Lebensunterhalt zu verdienen, in dem Sinne, dass man davon wirklich finanziell „leben" kann. Tatsächlich ist die Entlohnung der Beschäftigten in den Werkstätten für behinderte Menschen aber immer noch so gering, dass sie damit ihren Lebensunterhalt eben nicht bestreiten können und ihr Lohn nicht für die Existenzsicherung ausreicht, sondern die Beschäftigten trotz ihrer Arbeitsleistung auf finanzielle Hilfeleistungen durch den Staat, wie etwa Wohngeld oder Grundsicherung, angewiesen sind. Hirsch/Kasper bringen es ebenso treffend wie provokant auf den Punkt, wenn sie bei der Entlohnung in den Werkstätten von einer „staatlich gewollten Taschengeldsituation" reden (Hirsch/Kasper 2010: 37). Als Zahlen führen sie an, dass das Arbeitsentgelt in den Werkstätten lediglich 8,5% der Brutto-Löhne in Westdeutschland und sogar nur 7% in den neuen Bundesländern entspricht. Laut Kühn/Rüter (2008) liegt der monatliche Durschnitts-Verdienst eines Werkstatt-Beschäftigten bei gerade einmal 160 €. Gesetzesgrundlage für die Entlohnung ist § 138 Abs. 2 SGB IX, in dem geregelt wird, dass die Beschäftigten ein Arbeitsentgelt bekommen, das aus einem Grundbetrag in Höhe des Ausbildungsgeldes und einem individuell der Arbeitsleistung des behinderten Menschen angepassten Steigerungsbetrag besteht.

Hier zeigt sich bereits, dass eine Werkstatt, zumindest, solange die Löhne auf dem derzeitigen, sehr bescheidenen Niveau bleiben, niemals eine Beschäftigung auf dem ersten Arbeitsmarkt ersetzen werden kann, da das Lohn-Niveau niemals für einen ausreichenden Lebensunterhalt sorgen kann. Da, wie erwähnt, vom dem Lohnniveau und dem ökonomischen Status auch der soziale Staus und das soziale Ansehen in erheblichem Maße abhängt, kann auch das gesellschaftliche Ansehen der Beschäftigten einer Werkstatt nie mit einer Be-schäftigung auf dem ersten Arbeitsmarkt gleichgestellt werden. Vielmehr ist anzunehmen, dass Menschen mit Behinderung und insbesondere diejenigen mit geistiger Behinderung es zwar ohnehin schwerer als nicht behinderte Menschen haben, soziales Ansehen zu erlangen, doch solange sie im Bereich einer Werkstatt arbeiten, wird es ihnen noch schwerer gemacht, da die Beschäftigung in der Werkstatt sicherlich eine stigmatisierende Wirkung hat und Beschäftigte einer Werkstatt niemals dasselbe Prestige und die soziale Anerkennung erlangen werden können wie Menschen ohne Behinderung, die auf dem ersten Arbeitsmarkt beschäftigt sind. Zwar ließe sich einwenden, dass Menschen mit geistiger Behinderung ohnehin wesentlich eher in Gefahr gerieten, der Diskriminierung, Geringschätzung und Verhöhnung durch den Rest der Gesellschaft ausgesetzt zu werden; auch könnte man argumentieren, dass auch eine einfache Tätigkeit auf dem ersten Arbeitsmarkt kein hohes soziales Ansehen bringt, doch der Status als Angestellter einer Sondereinrichtung des Behindertenhilfe-Systems trägt noch stärker dazu bei, dass diese Menschen von vornherein am unteren Ende der sozialen Skala anzusiedeln sind (vgl. Hirsch/Kasper 2010). Zudem ist auch hier zu differenzieren zwischen verschiedenen Arten der Behinderung: Wie auch unter Menschen ohne Behinderung gibt es auch bei Menschen mit Behinderung unterschiedliche Abstufungen des sozialen Ansehens, was freilich auch mit den verschiedenen Arten der Behinderung zusammenhängt, die unterschiedliche Möglichkeiten des sozialen Aufstiegs und der Karriere bieten: Wenn ein körperlich behinderter Mensch als Arzt promoviert oder ein sehbehinderter Mensch Jurist wird, haben diese aufgrund ihrer Behinderung zwar auch mit Hindernissen und Diskriminierung zu kämpfen, aber sie können es schaffen und soziales Ansehen gewinnen. Demgegenüber im Nachteil sind Menschen mit geistiger Behinderung, unter denen es keine soziale Abstufung gibt und die auch kaum soziale Aufstiegschancen haben.

Des Weiteren ist auch die Frage nach der sozialen Inklusion und Interaktion in den Werkstätten zu hinterfragen, da es sich wie erwähnt, immer noch um eine Sondereinrichtung handelt, die Menschen mit Behinderung vom Rest der Gesellschaft aussondert und in der sie zudem ausschließlich mit anderen Menschen mit Behinderung zusammen sind, aber wenig soziale Interaktion mit dem (nicht behinderten) Rest der Gesellschaft stattfindet, was eigentlich im Widerspruch zum bereits erläuterten Konzept der Inklusion bzw. inklusiven Gesellschaft steht. In den Arbeitsgruppen der Werkstätten sind Menschen mit Behinderung in der Regel unter sich, lediglich bei den pädagogischen Fachkräften und den Mitarbeitern des Allgemeinen Sozialen Dienstes (ASD) handelt es sich um Menschen ohne Behinderung, doch sind diese in der Regel auch eher Autoritätspersonen, aber keine gleichgestellten Mitarbeiter. Angesichts der großen Bedeutung von Arbeit als wichtiges Mittel der Sozialisation sollte, dem Leitbild der Inklusion entsprechend, folglich viel mehr die gleichberechtigte Zusammenarbeit von behinderten und nicht behinderten Menschen gefördert werden. Unter dem Leitbild der Inklusion sind die Werkstätten als Sondereinrichtungen deshalb eigentlich nicht mehr legitimierbar.

Doch es gibt auch einiges zur Verteidigung der Werkstätten zu sagen. Ein Argument ist sicherlich, dass sie grundsätzlich genauso als Orte des Erlernens und Ausübens von Arbeit sowie zur Sozialisation (als Erfüllung der sozialen Komponente von Arbeit) dienen kann, wie ein Betrieb des ersten Arbeitsmarktes. Auch ist festzuhalten, dass trotz der geringen Entlohnung die Arbeit in der Werkstatt für die Beschäftigten als durchaus attraktiv gilt, was neben der bereits erwähnten Tatsache, dass man ein zeitlich unbegrenztes Anrecht auf den Arbeitsplatz hat und praktisch unkündbar ist, nicht zuletzt an der Rente liegt, die nach 20 Jahren erreicht wird (vgl. Kühn/Rüter 2008). Prinzipiell lobenswert ist auch der Ansatz, dass die Werkstatt grundsätzlich allem Menschen mit Behinderung unabhängig von Grad und Schwere der Behinderung offen steht. Auch hieraus kann man eine Legitimierung ableiten, insbesondere, wenn man annimmt ist, dass nicht alle Menschen mit Behinderung, und dabei insbesondere diejenigen mit stärkeren körperlichen und geistigen Beeinträchtigungen, auf dem ersten Arbeitsmarkt dauerhaft beschäftigt werden können, da der heutige, kapitalistische Arbeitsmarkt mit seinen immer höheren Ansprüchen an Qualifikation, körperliche und geistige Leistungsfähigkeit des Arbeitnehmers wenn überhaupt nur solche Menschen mit Behinderung aufnehmen würde, die körperlich und geistig vergleichsweise leistungsfähig sind. Diejenigen Menschen mit Behinderung, die diese Ansprüche nicht erfüllen können,, könnten dann weiterhin in Werkstätten beschäftigt werden.

5.3 Lösungs- und Reformansätze zur besseren Förderung der Teilhabe am Arbeitsleben

Bei aller Kritik an der Werkstätten-Landschaft sollte nicht unerwähnt bleiben, dass es in den vergangenen Jahren bereits einige Ansätze und Reformanstöße gegeben hat, um Menschen mit Behinderung bessere Möglichkeiten der Beschäftigung außerhalb einer Werkstatt zu bieten und damit zur besseren Teilhabe am Arbeitsleben beizutragen. Allerdings zeigt sich auch hier wieder die Festgefahrenheit des Systems, denn die guten und auch theoretisch schon recht gut entwickelten und durchdachten Ansätze werden in der Praxis durch die bekannten Probleme bislang nur sehr zögerlich umgesetzt. Dennoch sollten im Folgenden einige dieser Ansätze kurz erwähnt werden:

o Eine Maßnahme zur besseren Zusammenarbeit von Menschen mit und ohne Behinderung sollen die sogenannten **Außenarbeitsplätze** in den Werkstätten bieten, die in der Praxis meistens so gestaltet sind, dass eine Arbeitsgruppe außerhalb der Werkstatt in einem Betrieb der freien Wirtschaft arbeitet, entweder als Gruppe, die dann von einem Gruppenleiter betreut wird, oder auch Einzel-Arbeitsplätze (vgl. Kühn/Rüter 2008). Dies ist sicherlich ein guter, sinnvollen Ansatz, der künftig ausgebaut und gefördert werden sollte, bislang jedoch nur für eine Minderheit der Beschäftigten zur Verfügung steht. Zumal diese Außenarbeitsplätze in einigen Fällen dem Beschäftigten auch mehr Kontakt mit den Endkunden ermöglichen, insbesondere im Dienstleistungsbereich. Auch durch mehr Kundenkontakt kann letztlich zur verstärkten Interaktion zwischen Menschen mit und ohne Behinderung beigetragen werden.

o Einen Schritt weiter als die Außenarbeitsplätze gehen die **Integrationsfachdienste (IFD)**, bei denen es sich um Einrichtungen handelt, die sogenannte „unterstützte Beschäftigung" anbieten und durch persönliche Betreuung des behinderten Menschen unabhängig von Träger und Schnittstelle diesen bei der Rechtsgrundlage für die Arbeit der Integrationsfachdienste ist § 110 SGB IX. Die Aufgabe der IFD ist es, die bessere Teilhabe behinderter Menschen an der Gesellschaft durch bessere Vermittlung schwerbehinderter Menschen auf den ersten Arbeitsmarkt, wobei die Zahl der beratenen Menschen aber weit höher liegt als die Vermittlungsquoten (vgl. Kühn/Rüter 2008).

o Nicht zu verwechseln mit dem Integrationsfachdiensten sind die **Integrationsfachbetriebe**, Integrationsprojekte oder Integrationswerkstätten, die eine Mischform aus erstem Arbeitsmarkt und Werkstätten darstellen, da sie sowohl nicht behinderte als auch eine bestimmte Quote an behinderten Menschen beschäftigen. Diese Betriebe haben bereits deutlich mehr Ähnlichkeit mit Betrieben des ersten Arbeitsmarktes als eine Werkstatt, allerdings sind sie insbesondere in ländlicheren Regionen noch nicht flächendeckend vorhanden (vgl. Wenzel 2011). Die Gesetzesgrundlage ist § 132 SGB IX.

o Ein weiter wichtiger Schritt für mehr Selbstbestimmung bei der Arbeitsplatz-Wahl ist das am 1.1.2008 als Rechtsanspruch für Menschen mit Behinderung eingeführte **Persönliche Budget** (§ 17 SGB IX). Hierbei wird den Beschäftigten ein Budget zur Verfügung gestellt, über das er selbst verfügt und mit dem er, vertraglich mit der Hilfeeinrichtung geregelt, seine Hilfeleis-

43

tungen selbst aussuchen kann, sowohl bei der Pflege und Betreuung, aber auch bei der Wahl des Arbeitsplatzes. Damit soll u.a. ermöglicht werden, dass der Beschäftigte mehr Entscheidungsfreiheit und mehr Möglichkeiten bei der Wahl der Hilfeleistungen bekommt. Dieser sehr gute Ansatz hat in der Realität aber auch wieder das Problem, dass die Umsetzung aufgrund der starren und wenig reformoffenen deutschen Hilfelandschaft bislang nur sehr zögerlich in Gang kommt. Zudem erfordert die Organisation des persönlichen Budgets auch ein relativ hohes Maß an Eigeninitiative und Eigenverantwortung, was von einem Menschen mit geistiger Beeinträchtigung, je nach Art und Schwere der Behinderung, sicherlich auch nicht immer oder nur schwer geleistet werden kann.

6. Fazit

In der vorliegenden Arbeit habe ich sowohl den aktuellen Entwicklungsstand der Teilhabe am Arbeitsleben in den Werkstätten kritisch reflektiert, als auch einen Ausblick auf die künftige Entwicklung zu geben versucht. Dabei fällt das Fazit zwiespältig aus. Einerseits ist zweifelsohne festzustellen, dass in der deutschen Hilfelandschaft noch sehr viel getan werden muss, um die berufliche Inklusion behinderter Menschen zu fördern. Es wird in der deutschen Hilfelandschaft bislang eindeutig zu wenig dafür getan, Menschen mit Behinderung Teilhabe am Arbeitsleben in Form von inklusiver Erwerbsarbeit zu ermöglichen, die zum einem nicht in Sondereinrichtungen, sondern auf dem ersten Arbeitsmarkt oder zumindest in inklusiven Gruppen mit Menschen mit und ohne Behinderung erfolgt, und die zum Anderen auch wirklich den Lebensunterhalt sichert und damit dem Begriff der *Erwerbs*arbeit tatsächlich entsprechen kann, was auch in der UN-Konvektion aufgegriffen und als Grundrecht anerkannt wurde. Zugleich muss konstatiert werden, dass es zwar schon Ansätze gibt, die in diese richtige Richtung gehen, aber bislang zu wenig und zu langsam in die Tat umgesetzt werden und künftig stärker gefördert werden sollten. Wenn ich nun zu der anfangs aufgestellten Hypothese zurückkomme, dass Werkstätten vor dem Hintergrund der UN-Konvention eigentlich nicht mehr legitimierbar sind, so lautete mein ursprüngliches Fazit, dass Werkstätten eigentlich dem heutigen Inklusionsgedanken widersprechen und deshalb als nicht mehr zeitgemäß anzusehen sind und abgeschafft werden müssten. Nach nochmaliger Sicht der Argumente pro und contra Werkstatt bin ich jedoch insgesamt zu der Überzeugung gekommen, dass es sehr wohl auch einige gute Argumente für die Werkstatt gibt, die deren Erhalt rechtfertigen, wie etwa die Tatsache, dass das Argument der Rehabilitation und berufsvorbereitenden Maßnahmen durchaus auch heute noch Bestand hat und die Werkstätten daraus ihre Legitimation ziehen könnten, dass sie, so wie auch im Sozialgesetzbuch vorgeschrieben, sich ganz auf Rehabilitationsleistungen beschränken und damit der beruflichen (Wieder-)Eingliederung dienen, der Aufenthalt aber zeitlich begrenzt und der Übergang auf den ersten

Arbeitsmarkt stärker gefördert wird. Positiv ist in Bezug auf die Werkstätten auch festzuhalten, dass Werkstätten für behinderte Menschen und insbesondere für geistig behinderte Menschen häufig die einzige Möglichkeit sind, überhaupt Arbeit zu leisten und geschichtlich ohne direkten Vorgänger sind, sodass mit ihrer Etablierung schon viel zur Verbesserung der sozialen Lage behinderter Menschen beigetragen wurde. Lobenswert ist auch die Offenheit der Werkstätten, die allen Menschen mit Behinderung unabhängig von Art und Schwere der Behinderung offen stehen.

Die UN-Konvention wird einen weiteren Schritt darstellen, der künftig dazu beitragen wird, Sondereinrichtungen in Frage zu stellen und stattdessen unter dem Leitgedanken der Inklusion das bessere gemeinsame Zusammenleben und damit auch Zusammenarbeiten von Menschen mit und ohne Behinderung zu fördern. Allerdings zeichnen sich bereits die ersten Probleme bei der Umsetzung durch den Nationalen Aktionsplan (NAP) ab, der zu wenig konkrete Maßnahmen enthält und sich zu wenig an der UN-Konvention orientiert, was die Entwicklung in Deutschland sicherlich verzögern wird. Neben politischen Reformen wie Nachbesserungen am Aktionsplan erscheint es deshalb wichtig, dass weiterhin Sozialforschung betrieben wird, um aufzuzeigen, wo es bei der Umsetzung zu Problemen kommen könnte und was zur besseren Umsetzung beitragen könnte.

Das Fazit fällt somit insgesamt zwiespältig aus - mag auch die Kritik an den Werkstätten in vielen Punkten gerechtfertigt sein, so finden sich auch viele Argumente für die Aufrechterhaltung der Werkstätten, und aufgrund der schieren Größe und Bedeutung, die die Werkstätten innerhalb der deutschen Hilfelandschaft einnehmen, ist ohnehin davon auszugehen, dass man sie nicht einfach abschaffen können wird, weshalb vielmehr Konzepte zur Koexistenz sowohl von Werkstätten als auch von vermehrten Versuchen, Menschen mit Behinderung auf dem ersten Arbeitsmarkt zu integrieren, die zukünftige Entwicklung prägen werden.

Gleichwohl gilt es zu bedenken, dass alle zukünftigen Entwicklungen, insbesondere diejenigen, die im Zusammenhang mit der UN-Konvention steht, letztlich sehr vage und spekulativ sind und es noch nicht klar vorhergesagt werden kann, wie sich die Einrichtungen wirklich weiterentwickeln werden. Deshalb kann es sich bei allen aktuellen Abhandlungen zum Thema letztlich nur um aktuelle Wasserstandsmeldungen und vorsichtige Vorausdeutungen handeln, aber konkrete Vorhersagen sind noch nicht möglich. Deshalb kann diese Arbeit sicherlich auch keine konkreten Aussichten bieten, sondern lediglich aktuelle Tendenzen und Widersprüche aufzeigen.

Versucht man nun, unter Berücksichtigung der bisher erläuterten, aktuellen Lage und der UN-Konvention, einen Ausblick auf die künftige Entwicklung der Teilhabeleistungen für die berufliche Integration von Menschen mit geistiger Behinderung zu wagen, so muss man zu dem Ergebnis kommen, dass die aktuelle Lage eigentlich unzumutbar ist und es starke Impulse zur Verbesserung geben muss. Denn bei allen guten Ansätzen ist die deutsche Behindertenhilfe doch weit davon entfernt, der Zielgruppe der Menschen mit geistiger Behinderung Teilhabe am Arbeitsleben zu ermöglichen, von denen diese zum einen ihren Lebensunterhalt auch wirklich verdienen können, und die zum anderen zunehmend nicht mehr in Sondereinrichtungen stattfindet, sondern in unternehmen des allgemeinen Arbeitsmarktes. Natürlich stellt sich dabei die Frage, von woher Anstöße zur Verbesserung der Lage kommen sollten, und hier kann die Antwort nur lauten, dass natürlich nicht alleine die Einrichtungen der Behindertenhilfe Veränderungen anstoßen sollten (und dies auch nicht können), sondern dass eigentlich alle dazu beitragen müssen: Die Träger der Einrichtungen müssen dazu beitragen, indem sie rechtlich bereits bestehende, gute Ansätze, wie etwa das persönliche Budget, Integrationsfachdienste, Integrationswerkstätten und Außen-arbeitsgruppen und –plätze besser nutzen und ihren Klienten besser vermitteln. Aber auch die Politik des Bundes und der Länder müssen mehr dafür tun, im Zuge der Umsetzung der UN-Konvention Reformen anzustoßen, und auch die empirische Sozialforschung sollte die aktuellen Probleme zum Anlass nehmen, im Bereich der Hilfeleistungen für behinderte Menschen weiter zu forschen und dabei insbesondere sowohl die rechtlich-strukturellen

Probleme als auch die Haltung der Träger und die Zufriedenheit der Klienten noch weiter erforschen und Probleme und Schwachstellen des Systems aufzeigen. Doch auch die Betriebe der Wirtschaft müssen in die Verantwortung genommen werden, mehr für die berufliche Inklusion von Menschen mit Behinderung zu tun, sei sie geistiger oder körperlicher Natur. Denn, wie aufgezeigt, gibt es bislang noch bei allen Behinderungsarten Probleme der beruflichen Inklusion auf dem ersten Arbeitsmarkt, die nicht zuletzt auf dem Desinteresse und der Unternehmen der freien Wirtschaft beruhen. Deshalb muss künftig auch mehr dafür getan werden, die Unternehmen, die sich ja gerne ihrer sozialen Verantwortung rühmen und eigentlich auch per Gesetz verpflichtet sind, eine Quote von behinderten Mitarbeitern zu erfüllen, aber oft lieber Strafzahlungen für die Nichterfüllung der Quote leisten, durch rechtliche Reglungen dazu zu bewegen, mehr Menschen mit Behinderung bei sich einzustellen und der Behinderung entsprechend zu fördern.

Das Werkstatt-Modell könnte man angesichts dessen als Auslaufmodell sehen, dessen Zeit aus pädagogischer und soziologischer Sicht abgelaufen scheint. Doch es gibt nach wie vor auch einige Argumente für die Werkstatt. So kann man argumentieren, dass die Werkstätten weiterhin eine Daseinsberechtigung haben, wenn sich ihre Aufgaben zukünftig stärker auf das konzentrieren, wofür sie eigentlich gedacht sind, nämlich die zeitlich begrenzte Rehabilitation für Menschen mit Behinderung, die aktuell nicht in der Lage sind, auf dem ersten Arbeitsmarkt beschäftigt zu werden – solange dies, wie ja eigentlich gesetzlich vorgeschrieben, zeitlich klar begrenzt ist und kein Dauerzustand wird. Andererseits kann man natürlich auch argumentieren, dass diese Rehabilitation nicht in stationären Einrichtungen stattfinden sollte, sondern ebenfalls in inklusiven Arbeitsfeldern erfolgen kann. Zudem muss bedacht werden, dass eine Auflösung des Werkstätten-Systems nicht einfach so erfolgen könnte, denn trotz ihres Status als Einrichtung der Behindertenhilfe befinden sich die Werkstätten im Widerspruch, gleichzeitig auf dem Markt der freien Wirtschaft um Aufträge zu konkurrieren. Wenn sie ihre fähigsten Beschäftigten häufiger auf den allgemeinen Arbeitsmarkt vermitteln würden, hätten sie es bedeutend schwerer, am Markt konkurrenzfähig zu bleiben (vgl. Kühn/Rüter 2008). Auch ist, wie erwähnt, die Gewinnorientierung der Unternehmen ein Bremsschuh für mehr Vermittlung auf den ersten Arbeitsmarkt, da diese im Zuge der Gewinnmaximierung ihre soziale Verantwortung zunehmend vernachlässigen und kein Interesse zeigen, Menschen mit Behinderung einzustellen.

Gleichwohl besteht durch die UN-Konvention insgesamt die Chance, Verbesserungsprozesse anzustoßen, sofern diese nicht durch die Gesetze selbst bereits angestoßen werden. Bezieht man die Aussagen der Konvention mit ein, so haben Menschen mit Behinderung nun erstmals ein als Grundrecht verankertes Anrecht auf Arbeit, und zwar im Sinne von Erwerbsarbeit, denn das Recht, den Lebensunterhalt zu verdienen. Dennoch werden diese Verbesserungen voraussichtlich noch lange Zeit in Anspruch nehmen, zumal den Forderungen nach besserer beruflicher Inklusion der stetig steigende Bedarf an Werkstatt-Plätzen gegenüber steht, der dafür sorgt, dass das Werkstattwesen weiter wächst und sich weiter ausdifferenziert - eine Entwicklung, die schwer umkehrbar sein wird. Aber es kann schon recht eindeutig festgestellt werden, dass die UN-Konvention insgesamt in die richtige Richtung geht und wichtige Anstöße geben wird, um die Menschenrechtssituation von Menschen mit Behinderung zu verbessern und dabei insbesondere zur Auflösung von Sondereinrichtungs-Systemen wie Werkstätten und Wohnheimen beizutragen, auch, wenn die Umsetzung zweifelsohne nicht einfach werden und für alle Vertragsstaaten eine große Herausforderung werden wird. Die Ansätze sind jedoch zweifelsohne gut und werden hoffentlich längerfristig dazu führen, dass Menschen mit und ohne Behinderung ein gemeinsames Leben in Inklusion führen werden, ohne Sondereinrichtungen und Diskriminierung. Mag dieses Ziel auch noch so geschönt und utopisch klingen, so sollte es doch stets das Leitbild sämtlicher Teilhabeleistungen in der Behindertenhilfe sein.

7. Literatur

- Aßländer, Michael S.: Bedeutungswandel der Arbeit. Versuch einer historischen Rekonstruktion. Hanns-Seidel-Stiftung/Akademie für Politik und Zeitgeschehen: München 2005

- Bramberger, Andrea (Hrsg.): Geschlechtersensible Soziale Arbeit. LIT Verlag: Wien/Berlin 2008

- Bundesarbeitsgemeinschaft Werkstätten für behinderte Menschen e.V.: Belegte Plätze [in Werkstätten] nach Behinderungsarten 2009 - 2011. Nachzulesen im Internet unter: http://www.bagwfbm.de/category/34 [Abruf: 25.06.2012]

- Bundesverband für körper- und mehrfachbehinderte Menschen e.V. (Hrsg.): Stellungnahme des Bundesverbandes für körper- und mehrfachbehinderte Menschen e.V. (bvkm) zum Referentenentwurf des Nationalen Aktionsplans der Bundesregierung zur Umsetzung des Übereinkommens der Vereinten Nationen über die Rechte von Menschen mit Behinderung. Stellungnahme vom 14.05.2011. Abrufbar im Internet unter: http://www.bvkm.de/dokumente/media/Aktuelles/2011-05-24/bvkm_Stellungnahme_NAP.pdf [Abruf: 14.06.2012]

- Cramer, Horst H.: Werkstätten für behinderte Menschen. SGB – Werkstättenrecht, WerkstättenVO, G zur Einführung unterstützter Beschäftigung. Kommentar. 5., überarbeitete Auflage. C. H. Beck Verlag: München 2009

- Demke, Florian: Das Übereinkommen der vereinten Nationen über die Rechte von Menschen mit Behinderungen. Auswirkungen auf Sozialpolitik und Behindertenhilfe in Deutschland. Masterarbeit. GRIN Verlag: Norderstedt 2011

- Detmar, Winfried / Gehrmann, Manfred / König, Dr. Ferdinand / Momper, Dirk / Pieda, Bernd / Radatz, Joachim: Entwicklung der Zugangszahlen zu Werkstätten für behinderte Menschen. Studie im Auftrag des Bundesministeriums für Arbeit und Soziales: Berlin 2008

- Deutscher Verein für öffentliche und private Fürsorge (Hrsg.): Fachlexikon der sozialen(sic!) Arbeit. 6. Auflage. Nomos Verlagsgesellschaft: Baden-Baden 2007

- Deutsches Institut für Medizinische Dokumentation und Forschung DIMDI, WHO-Kooperationszentrum für das System Internationaler Klassifikationen: Internationale Klassifikation der Funktionsfähigkeit, Behinderung und Gesundheit. Stand: Oktober 2005. Abrufbar im Internet unter: http://www.dimdi.de/dynamic/de/klassi/downloadcenter/icf/endfassung/icf_endfassun g-2005-10-01.pdf?action=Ich akzeptiere [Abruf: 15.05.2012]

- Diakonie-Bundesverband (Hrsg.): Gemeinsame Stellungnahme des Diakonie Bundes-verbandes und des Bundesverbandes evangelische Behindertenhilfe (BeB) zum Referentenentwurf des Nationalen Aktionsplans der Bundesregierung zur Umsetzung der UN-Behindertenrechtskonvention (NAP) in der Fassung vom 27.04.2011. Stellung-nahme vom 17.05.2012. Abrufbar im Internet unter: http://www.diakonie.de/DW_EKD_BeB_StN_NAP-Inclusion_110517.pdf [Abruf: 13.06.2012)

- Fischer, Eberhard / Heger, Manuela / Laubenstein, Désirée (Hrsg.): Perspektiven be-ruflicher Teilhabe. Konzepte zur Integration und Inklusion von Menschen mit geisti-ger Behinderung. 1. Auflage. Athena Verlag: Oberhausen 2011

- Fischerauer, Alexandra: Eine kurze Einführung in die Geschichte der Arbeit und der Arbeitssoziologie. Studienarbeit. GRIN Verlag: Norderstedt 2005

- Greving, Heinrich (Hrsg.): Arbeit. Herausforderung und Verantwortung der Heilpäda-gogik. W. Kohlhammer Verlag: Stuttgart 2010

- Hanslmeier-Prockl, Gertrud: Teilhabe von Menschen mit geistiger Behinderung. Em-pirische Studie zu Bedingungen der Teilhabe im ambulant betreuten Wohnen in Bay-ern. Klinkhardt Verlag 2009

- Hartmann, Dr. Helmut / Hammerschick, Jochen: con_sens-Studie 2003. Bestands- und Bedarfserhebung für Werkstätten für behinderte Menschen. Hamburg 2002.

- Hinz, Andreas: Inklusion – mehr als nur eine neues Wort?! Artikel. Veröffentlicht im Internet unter: http://www.gemeinsamleben-rheinlandpfalz.de/Hinz__Inklusion_.pdf [Abruf: 01.06.2012]

- Häßler, Günter / Häßler, Frank: Geistig Behinderte im Spiegel der Zeit. Vom Narren-häusl zur Gemeindepsychiatrie. Georg Thieme Verlag: Stuttgart 2005

- Kreissl, Torsten: Die Geschichte der Werkstatt für behinderte Menschen – eine histo-rische Betrachtung mit Blick auf die soziale Situation behinderter Menschen. Studien-arbeit. GRIN Verlag: Norderstedt 2004

- Kühn, Alexandra / Rüter, Maike: Arbeitsmarkt und Behinderung. Neue Anforderungen an die Soziale Arbeit? Erschienen als Band 17 in der Reihe Hildesheimer Schriften zur Sozialpädagogik und Sozialarbeit. Georg Olms Verlag: Hildesheim 2008

- Meisinger, Bertram: „Ich will mehr als nur Schrauben eindrehen…" Ein Beitrag über die Möglichkeiten der Motivationsförderung bei Menschen mit einer Behinderung in der produktionsorientierten geschützten Werkstatt. Diplomarbeit. 1. Auflage. GRIN Verlag: Norderstedt 2001

- Miller, Alfred: Ziele in Werkstätten für behinderte Menschen. Die Gestaltung eines Zielsystems als Teil des Qualitätsmanagements. Lambertus-Verlag: Freiburg im Breisgau 2005

- Minninger, Norbert / Hinterholz, Werner / Westermann, Bernd: Rechte behinderter Menschen. Der Ratgeber für Betroffene, Angehörige und Interessenvertretungen. 2. Auflage. Bund Verlag GmbH: Frankfurt am Main 2007

- Netzwerk Artikel 3 e.V.: Stellungnahme zum Nationalen Aktionsplan der Bundesregierung zur Umsetzung des Übereinkommens der Vereinten Nationen über die Rechte von Menschen mit Behinderungen (Referentenentwurf vom 27.4.2011 + Nachlieferung „Persönlichkeitsrechte" vom 6. Mai 2011). Stellungnahme vom 15.05.2011. Abrufbar im Internet unter: http://www.netzwerk-artikel-3.de/attachments/102_nw3-stellungnahme%20zum%20referentenentwurf-s.pdf [Abruf: 14.06.2012]

- Pfahl, Lisa / Powell, Justin J.W.: Draußen vor der Tür: Die Arbeitsmarktsituation von Menschen mit Behinderung. Zeitschriften-Artikel. Erschienen in: „Aus Politik und Zeitgeschichte", Ausgabe 23/2010

- Stascheit, Ulrich (Hrsg.): Gesetze für Sozialberufe. Textsammlung. 18. Auflage. Nomos Verlagsgesellschaft: Baden-Baden 2010

- Scheibner, Ulrich: Die Entwicklung der Werkstätten zur Arbeits- und Berufsförderung. Meilensteine auf dem Weg zur gesellschaftlichen Teilhabe. 2000. Veröffentlicht in: WfB-Handbuch 9, Ergänzungslieferung 2001.

- Schlummer, Werner / Schütte, Ute: Mitwirkung von Menschen mit geistiger Behinderung. 1. Auflage. Ernst Reinhardt Verlag: München 2006

- Von Mackensen, Matthias: Teilhabe am Arbeitsleben auch für „Minderproduktive"? Diplomarbeit. GRIN Verlag: Norderstedt 2002

- Von Schorlemer, Sabine (Hrsg.): Rothfritz, Lauri Phillip: Die Konvention der Vereinten Nationen zum Schutz der Rechte von Menschen mit Behinderungen. Eine Analyse unter Bezugnahme auf die deutsche und europäische Rechtsebene. Erschienen als Band 10 der Reihe Dresdner Schriften zu Recht und Politik der Vereinten Nationen. Peter Lang Internationaler Verlag der Wissenschaften: Wiesbaden 2010
- Wansing, Gudrun: Teilhabe an der Gesellschaft. Menschen mit Behinderung zwischen Inklusion und Exklusion. 1. Auflage 2005, unveränderter Nachdruck 2006. VS Verlag für Sozialwissenschaften: Wiesbaden 2005
- Welke, Antje (Hrsg.): UN-Behindertenrechtskonvention mit rechtlichen Erläuterungen. Kommentar. Eigenverlag des Deutschen Vereins für öffentliche und private Fürsorge: Berlin 2012
- Welti, Felix: Behinderung und Rehabilitation im sozialen Rechtsstaat. Mohr Siebeck Verlag: Tübingen 2005

www.ingramcontent.com/pod-product-compliance
Lightning Source LLC
Chambersburg PA
CBHW050929030726
47586CB00005B/1590